Swami Sri Yukteswar

ज्ञानावतार स्वामी श्रीयुक्तेश्वरेण प्रणीतम्

कैवल्यदर्शनम्

Kaivalya Darsanam

Den
HELLIGE
VITENSKAP

Jnanavatar Swami Sri Yukteswar Giri

Self-Realization Fellowship
FOUNDED 1920
Paramahansa Yogananda

Originalens tittel på engelsk utgitt av
Self-Realization Fellowship, Los Angeles (California):
The Holy Science

ISBN-13: 978-0-87612-051-4
ISBN-10: 0-87612-051-6

Oversatt til norsk av Self-Realization Fellowship
Copyright (C) 2013 Self-Realization Fellowship

Autorisert av det Internasjonale Publikasjonsrådet i
Self-Realization Fellowship

I 1920 sendte Swami Sri Yukteswar sin fremste disippel, Paramahansa Yogananda, til USA for å bringe Indias gamle yogavitenskap til Vesten. På oppfordring av sin Guru, grunnla Paramahansaji Self-Realization Fellowship for å tjene som et redskap for utbredelsen i verden av Kriya Yoga-læren til SRF-linjen av Guruer. Self-Realization Fellowships navn og emblem, som vist ovenfor, gjengis i alle SRF bøker, fonogram og andre publikasjoner, og skal forsikre lesere om at det foreliggende arbeid er godkjent av organisasjonen som er opprettet av Paramahansa Yogananda og at det trofast formidler hans lære.

Første utgave på norsk fra *Self-Realization Fellowship*, 2013
First edition in Norwegian from *Self-Realization Fellowship*, 2013

ISBN-13: 978-0-87612-379-9
ISBN-10: 0-87612-379-5

1913-J2961

INNHOLD

Fotografier

FORORD

Profeter i alle land og tidsaldre har lykkes i deres Gud-søken. Ved å gå inn i en tilstand av sann opplysning, *nirbikalpa samadhi,* har disse helgener erkjent den Høyeste Virkelighet bak alle navn og former. Deres visdom og åndelige råd har blitt til verdens hellige skrifter. Selv om disse, rent ytre sett, er forskjellige på grunn av deres ulike tildekninger av ord, er alle uttrykk for - noen åpne og klare, andre skjulte eller symbolske – de samme grunnleggende sannheter om Ånden.

Min *gurudeva,* Jnanavatar[1] Swami Sri Yukteswar (1855-1936) fra Serampore, var særdeles egnet til å øyne den underliggende enhet mellom de kristne skrifter og *Sanatan Dharma.* Ved å plassere de hellige tekster på sitt sinns plettfrie bord, var han i stand til å dissekere dem med det intuitive resonnements skalpell, og å skille tilføyelser og feilaktige tolkninger av lærde fra sannhetene slik de ble opprinnelig gitt av profetene.

Det skyldes Jnanavatar Swami Sri Yukteswars ufeilbarlige åndelige innsikt at det nå er mulig, gjennom denne boken, å etablere en grunnleggende harmoni mellom den vanskelige bibelske bok, *Jo-*

---

[1] ”Visdoms-inkarnasjon”; fra Sanskrit *jnana,* ”visdom,” og *avatara,* ”guddommelig inkarnasjon.” *(Utgivers anm.)*

hannes Åpenbaring, og den indiske *Sankhya*-filosofi.

Som min *gurudeva* har forklart i sin innledning, ble disse sidene skrevet av ham i lydighet mot en oppfordring fra Babaji, Lahiri Mahasayas hellige *gurudeva,* som i sin tur var Sri Yukteswars *gurudeva.* Jeg har skrevet om disse tre mestres Kristuslignende liv i min bok, *En Yogis Selvbiografi.*[2]

Sanskrit-*sutraene* som er fremsatt i *Den Hellige Vitenskap* vil kaste mye lys over så vel Bhagavad Gita som over andre store indiske skrifter.

Paramahansa Yogananda

249 Dwapara (1949)

---

[2] Se side 108. *(Utgivers anm.)*

FORORD

Av W. Y. Evans-Wentz, M.A., D.Litt., D.Sc.
Forfatter av

The Tibetan Book of the Dead
Tibet's Great Yogi Milarepa
Tibetan Yoga and Secret Doctrines

"Det har vært mitt privilegium å møte...Sri Yukteswar Giri. Et bilde av den ærverdige helgen ble vist som en del av tittelbildet på min *Tibetan Yoga and Secret Doctrines*. Det var i Puri, Orissa, ved den Bengalske Bukt, jeg møtte Sri Yukteswar. Han ledet den gang en stille *ashrama* nær stranden og var hovedsakelig opptatt med den åndelige trening av en gruppe ungdommelige disipler....Sri Yukteswar var vennlig i holdning og stemme, hadde et behagelig vesen og var verdig den ærbødighet som hans tilhengere spontant viste han. Alle som kjente ham, enten de var fra hans eget samfunn eller ikke, holdt ham i den høyeste aktelse. Da han sto ved ashramens inngang for å ønske meg velkommen, husker jeg levende hans høye, ranke, asketiske skikkelse, kledt i den safrangule kledning til en som har forsaket verdslige bestrebelser. Som sin jordiske bolig hadde han valgt den hellige by Puri, hvor mengder av fromme hinduer fra alle Indias provinser daglig kommer på pilgrimsferd til det berømte Jagannathtempelet, "Verdens Herre." Det var i Puri at Sri Yukteswar, i 1936, lukket sine dødelige øyne for denne forbigående tilstands scenerier og gikk bort, vel vitende om at hans inkarnasjon var blitt ført til en triumferende fullbyrdelse.

"Jeg er i sannhet glad over å kunne avgi dette vitnesbyrd om Sri Yukteswars karakter og hellighet."

Swami Sri Yukteswar og Paramahansa Yogananda,
Calcutta, 1935

Swami Sri Yukteswar og Paramahansa Yogananda under en religiøs festival ved Sri Yuktes-
wars Serampore ashram i desember 1935. Neste dag tilkalte den store Guru sin elskede
disippel og overlot ham ansvaret for sine ashramer og for sitt åndelige arbeid: "Min opp-
gave på jorden er avsluttet. Du må videreføre den.... Jeg overlater alt i dine hender."

Den
HELLIGE
VITENSKAP

INNLEDNING

चतुर्नवत्युत्तर शतवर्षे गते द्वापरस्य प्रयागक्षेत्रे ।

सदर्शनविज्ञानमन्वयार्थं परमगुरुराजस्याज्ञान्तु प्राप्य ॥

कङारवंश्यप्रियनाथस्वामिकादम्बिनीक्षेत्रनाथात्मजेन ।

हिताय विश्वस्य विदग्धतुष्टये प्रणीतं दर्शनं कैवल्यमेतत् ॥

[Denne *Kaivalya Darsanam* (fremstilling av Den Endelige Sannhet) er skrevet av Priya Nath Swami,[1] sønn av Kshetranath og Kadambini av Karar-familien.

På oppfordring, i Allahabad, fra Den Store Lærer (Mahavatar Babaji), mot slutten av det 194'de år i den nåværende Dwapara Yuga, har denne fremstillingen blitt publisert til gagn for verden.]

Formålet med denne boken er å vise, så klart som mulig, at det finnes en vesentlig enhet i alle religioner, at det ikke er noen forskjell mellom sannhetene som er innprentet av de ulike trosretninger, at det kun er én metode som verden, både den ytre og den indre, har utviklet seg ved, og at det kun er ett Mål som alle hellige skrifter enes om. Men det er ikke lett å forstå denne grunnleggende sannhet.

---

[1] Da denne boken ble skrevet i 1894, ga Babaji forfatteren tittelen "Swami." Han ble senere formelt innviet i Swamiordenen av *Mahani'en* (munkeordenens overhode) av Buddh Gaya, Bihar, og tok navnet Sri Yukteshwar. Han tilhørte *Giri-* ("fjell-") grenen av Swamiordenen. *(Utgivers anm.)*

3

Spliden som rår mellom de forskjellige religioner, og menneskenes uvitenhet, gjør det nesten umulig å løfte sløret og se denne store sannhet. Trosretningene avler en holdning av fiendtlighet og splid. Uvitenhet gjør kløften som skiller en trosretning fra den andre større. Bare et fåtall begavede personer kan heve seg over innflytelsen fra deres erklærte trosretninger og finne fullkommen enstemmighet mellom de sannheter som er fremmet av alle store trosretninger.

Hensikten med denne boken er å peke på den underliggende harmoni mellom de ulike religioner og å hjelpe til med å knytte dem sammen. Oppgaven er i sannhet herkulisk, men ved Allahabad ble jeg betrodd oppdraget gjennom en hellig befaling. Allahabad, den hellige *Prayaga Tirtha,* hvor elvene Ganges, Yamuna og Saraswati løper sammen, er et samlingssted for både verdslige og åndelig opplyste mennesker rundt tiden for *Kumbha Mela.* Verdslige mennesker kan ikke overskride den jordiske begrensning de har stengt seg selv inne i. Heller ikke kan de åndelig opplyste, da de engang har forsaket verden, igjen blande seg med dens tumulter. Likevel har mennesker, som er helt oppslukt av jordiske anliggender, et avgjort behov for hjelp og veiledning fra disse hellige personer som bringer lys til menneskerasen. Det bør altså være et sted hvor forening mellom de to grupper er gjort mulig. *Tirtha* frembyr nettopp et slikt møtested. Da det så og si ligger ved verdens vadested, vil ikke stormer og vindkast berøre det.

Sadhus (asketer) som har et budskap til gavn for menneskeheten, finner *Kumbha Mela'en* å være et ideelt sted for å gi instruksjoner til de som er rede for å ta imot dem.

Jeg ble utpekt til å spre et budskap av en slik art da jeg besøkte *Kumbha Mela'en* som ble avholdt ved Allahabad i januar 1894. Da jeg gikk langs Ganges-bredden, ble jeg tilkalt av en mann og fikk deretter æren av å samtale med en hellig storhet, Babaji, *gurudeva* til min egen guru, Lahiri Mahasaya, fra Banaras. Den hellige personen ved *Kumbha Mela'en* var derfor min egen *paramguruji maharaj.*[2] Likevel var dette vårt første møte.

I løpet av samtalen med Babaji, snakket vi om en bestemt mennesketype som nå besøker disse pilgrimstedene. Ydmykt antydet jeg at det fantes mennesker som var langt mer fremstående i intelligens enn de fleste som nå vanket her, mennesker som bodde i fjernere strøk av verden – Europa og Amerika – og som bekjenner seg til ulike trosretninger og er uvitende om *Kumbha Mela'ens* virkelige betydning, mennesker som ville være i stand til å ha en nær kommunikasjon med de åndelig opplyste hva intelligens angår. Riktignok er slike intellektuelle i utlandet ofte knyttet til ren materialisme. Selv om noen av dem er berømte for deres undersøkelser innen vitenskap og filosofi,

---

[2] *Paramguru,* bokstavelig, "guruen bakenfor," følgelig ens gurus guru. Endingen *ji* betegner respekt. *Maharaj,* "stor konge," er en tittel som ofte er lagt til usedvanlige åndelige personers navn. *(Utgivers anm.)*

anerkjenner de ikke religionenes vesentlige en-
het. De erklærte trosretninger fungerer nærmest
som uoverstigelige barrierer som truer med å skille
menneskeheten for alltid.

Min *paramguruji maharaj* Babaji smilte og idet
han æret meg med tittelen Swami, påla han meg
oppdraget med å skrive denne boken. Jeg vet ikke
grunnen til at jeg ble valgt til å fjerne barrierene og
å hjelpe til med å påvise den grunnleggende sann-
het i alle religioner.

Boken er delt inn i fire kapitler i samsvar med
de fire utviklingsstadier av kunnskap. Det høyeste
mål i religion er *Atmajnanam,* Selvkunnskap. Men
for å oppnå dette er kunnskap om den ytre verden
nødvendig. Derfor handler det første kapitlet om
वेद *(veda)* dvs. evangeliet og søker å innføre grunn-
leggende sannheter om skapelsen og å beskrive
verdens evolusjon og involusjon.

Alle skapninger, fra de høyeste til de laveste i
skapelsens mange ledd, er ivrige etter å erkjenne
tre ting: Eksistens, Bevissthet og Lykksalighet. Disse
hensikter eller mål er diskusjonsemnet i bokens an-
dre kapittel. Det tredje kapitlet handler om meto-
den til å virkeliggjøre de tre formål. Det fjerde ka-
pitlet behandler de åpenbaringer som kommer til
den som har reist langt på den indre vei for å er-
kjenne livets tre idealer og som er meget nær de-
res mål.

Metoden jeg har anvendt i boken er først å
formulere en erklæring i Sanskrit-termer fra de
orientalske vismenn, og deretter forklare den gjen-

nom referanse til vestens hellige skrifter. På denne
måten har jeg forsøkt etter beste evne å vise at det
ikke er noen virkelig uoverensstemmelse, langt
mindre en virkelig konflikt, mellom østens og ves-
tens lære. Da boken er skrevet under min *paramgu-
rudeva's* inspirasjon og i en Dwapara-tid av hurtig
utvikling på alle områder av kunnskap, håper jeg
at bokens betydning ikke blir forbigått av de som
den er ment for.

En kort utredning med matematisk bereg-
ning av *yugaene* eller tidsaldrene, vil forklare det
faktum at verdens nåværende tidsalder er Dwapara
Yuga, og at 194 år av denne Yuga er tilbakelagt, noe
som medfører en hurtig utvikling av menneskets
kunnskap.

Vi får vite fra orientalsk astronomi at måner
roterer rundt deres planeter, og planeter, idet de
dreier rundt sine akser, roterer med deres måner
rundt solen. Og solen, med dens planeter og deres
måner, tar en eller annen stjerne som sin partner
og de roterer rundt hverandre i omtrent 24.000 år
etter jordisk målestokk – et himmelfenomen som
forårsaker at jevndøgnspunktene beveger seg bak-
over i Zodiaken. Solen har også en annen beve-
gelse hvor den roterer rundt et stort og mektig sen-
ter kalt *Vishnunabhi*, som er setet for den skapende
kraft, *Brahma*, den universelle magnetisme. *Brahma*
regulerer *dharma*, den indre verdens mentale evne.

Når solen i sin rotasjon rundt sin partner når
frem til stedet som ligger nærmest dette store sen-
ter, *Brahma's* sete (en hendelse som finner sted når

Høstjevndøgnet faller sammen med konstellasjonen Aries' begynnelse), vil *dharma,* den mentale evnen, bli så utviklet at mennesket uten anstrengelse vil forstå alt, til og med Åndens mysterium.

Ved begynnelsen av det tjuende århundre vil Høstjevndøgnet falle sammen med fiksstjernene i konstellasjonen Virgo, og samtidig falle nær begynnelsen av den Oppadstigende Dwapara Yuga.[3]

Etter 12.000 år, når solen i sin bane når fram til stedet som er lengst unna *Brahma,* det store senter, en hendelse som finner sted når Høstjevndøgnet faller sammen med konstellasjonen Libras begynnelse, vil *dharma,* den mentale evnen, befinne seg i en slik redusert tilstand at mennesket ikke kan forstå noe utover den grove materielle skapelse. På samme vis, når solen i sin rotasjonsbane begynner å avansere mot stedet som er nærmest det store senter, vil *dharma,* den mentale evnen, begynne å utvikle seg igjen. Denne vekst blir gradvis fullendt i løpet av nye 12.000 år.

Hver av disse periodene på 12.000 år medfører en fullstendig forandring både eksternt i den materielle verden og internt i den intellektuelle eller elektriske verden. Denne perioden kalles én Daiva Yuga eller Elektrisk Par. Slik fullfører solen omdreiningen rundt sin partner i en periode på 24.000 år og fullfører en elektrisk syklus på 12.000 år i en oppadstigende bue og 12.000 år i en nedadgående bue.

---

[3] Se Diagram på side 9.

8

DIAGRAM

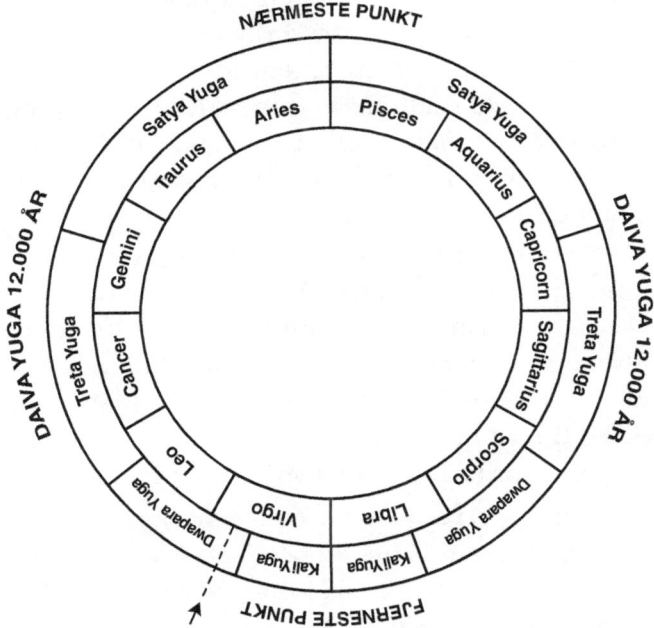

Virgo er tegnet på motsatt side av Pisces. Høstjevndøgnet faller nå i Virgo. Det motsatte punkt, Vårjevndøgnet, faller nødvendigvis nå i Pisces. Metafysikere fra Vesten, som legger hovedvekten på Vårjevndøgnet, sier derfor at verden er nå i tidsalderen for Pisces.

Jevndøgnene beveger seg bakover i konstellasjonene. Når Jevndøgnene forlater Pisces-Virgo, vil de gå inn i Aquarius-Leo. I følge Sri Yukteswarji's teori, gikk verden inn i tidsalderen for Pisces-Virgo i år 499 e.Kr. og vil gå inn i tidsalderen for Aquarius-Leo to tusen år senere, i år 2499 e.Kr. *(Utgivers anm.)*

Utviklingen av *dharma,* den mentale evnen, er kun gradvis og er delt inn i fire ulike stadier i en periode på 12.000 år. Perioden på 1200 år, da solen passerer gjennom 1/20 av sin bane (se Diagram), er kalt Kali Yuga. *Dharma,* den mentale evnen, er da i sitt første stadium og er utviklet med kun en fjerdedel. Det menneskelige intellekt kan ikke forstå noe utover den stadig skiftende skapelses grove materiale, den ytre verden.

Perioden på 2400 år, da solen passerer gjennom 2/20 av sin bane, er kalt Dwapara Yuga. *Dharma,* den mentale evnen, er da i sitt andre utviklingsstadium og er bare halvveis fullendt. Det menneskelige intellekt kan da forstå egenskapene til de finere materier og elektrisiteter som er de skapende prinsipper i den ytre verden.

Perioden på 3600 år, da solen passerer gjennom 3/20 av sin bane, er kalt Treta Yuga. *Dharma,* den mentale evnen, er da i sitt tredje stadium. Det menneskelige intellekt blir i stand til å forstå den guddommelige magnetisme, kilden til alle elektriske krefter som skapelsen er avhengig av for sin eksistens.

Perioden på 4800 år, da solen passerer gjennom den gjenstående 4/20 av sin bane, er kalt Satya Yuga. *Dharma,* den mentale evnen, er da i sitt fjerde stadium, noe som avslutter dens fulle utvikling. Det menneskelige intellekt kan forstå alt, selv Gud, Ånden bak denne synlige verden.

Manu, en fremstående *rishi* (opplyst vismann)

fra Satya Yuga, beskriver Yugaene tydeligere i det
følgende avsnitt fra hans *Samhita:*

चत्वार्याहुः सहस्राणि वर्षाणान्तु कृतं युगम् ।
तस्य तावच्छती सन्ध्यां सन्ध्यांशश्च तथाविधः ॥
इतरेषु ससन्ध्येषु ससन्ध्यांशेषु च त्रिषु ।
एकापायेन वर्तन्ते सहस्राणि शतानि च ॥
यदेतत् परिसंख्यातमादावेव चतुर्युगम् ।
एतद् द्वादशसाहस्रं देवानां युगमुच्यते ॥
दैविकानां युगानान्तु सहस्रं परिसंख्यया ।
ब्राह्ममेकमहर्ज्ञेयं तावती रात्रिरेव च ॥

[De sier at Krita Yuga (Satya Yuga eller ver-
dens "Gullalder") er fire tusen år lang. Dens
daggry har like mange århundrer og dens pe-
riode av skumring har samme lengde (dvs.,
400+4000+400=4800). For de øvrige tre aldrene,
med deres daggry og skumring, vil tusener og hun-
dreder avta med én (dvs., 300+3000+300=3600;
etc.). Denne firfoldige syklus, som utgjør 12.000
år, er kalt én Gudenes Alder. Summen av ettu-
sen guddommelige aldre utgjør en Brahmas dag.
Samme lengde gjelder for dens natt.]

Satya Yugaens tidsrom er på 4000 år; 400 år før
og etter den egentlige Satya Yuga er dens *sandhis* el-
ler overgangsperioder innen henholdsvis den fore-
gående og den etterfølgende Yuga. Derfor er 4800
år Satya Yugaens egentlige alder. For å beregne an-
dre Yugaer og Yugasandhis, er det slått fast at tal-
let én skulle trekkes fra antallet av både tusener og

hundreder, noe som da indikerer tidsrommet for de tidligere Yugaer og *sandhis*. Med denne regelen blir det klart at 3000 år er Treta Yugaens lengde, og 300 år før og etter er dens *sandhis*, overgangsperioder, noe som totalt gir 3600 år.

2000 år er altså Dwapara Yugaens alder, med 200 år før og etter som dens *sandhis;* totalt 2400 år. Endelig er Kali Yugaens lengde 1000 år, med 100 år før og etter som dens *sandhis;* totalt 1200 år. Følgelig er 12.000 år, summen av alle tidsperioder for disse fire Yugaer, lengden av én av Daiva Yugaene eller Elektrisk Par. To av disse, dvs. 24.000 år, fullender den elektriske syklus.

Ved 11.501 f. Kr., da Høstjevndøgnet falt sammen med Aries' begynnelse, begynte solen å bevege seg bort fra punktet i sin bane som ligger nærmest det store senter og mot punktet som ligger lengst unna. Følgelig begynte menneskets intellektuelle evne å reduseres. I løpet av de 4800 årene det tok solen å passere gjennom et av Satya-Parene, eller 4/20 av dens bane, mistet mennesket helt evnen til å forstå åndelig kunnskap. I løpet av de neste 3600 årene, tiden det tok solen å passere gjennom den Nedadgående Treta Yuga, mistet intellektet gradvis all evne til å forstå kunnskapen om guddommelig magnetisme. I løpet av de neste 2400 årene, mens solen passerte gjennom den Nedadgående Dwapara Yuga, mistet det menneskelige intellekt evnen til å forstå kunnskapen om elektrisitetene og deres egenskaper. I løpet av ytterligere 1200 år passerte solen gjennom den Nedadgående Kali Yuga og nådde punktet i sin bane som er lengst unna det store senter. Høstjevndøgnet lå da ved Libras begynnelse. Menneskets intellektuelle evne var nå så redusert at det ikke lenger kunne forstå noe utover skapelsens grove materiale. Perioden rundt 500 e. Kr. var følgelig den mørkeste del av Kali Yugaen og av hele syklusen på 24.000 år. Historien bekrefter riktignok nøyaktigheten av de indiske *rishiers* eldgamle beregninger og skildrer en utbredt uvitenhet og lidelse i alle nasjoner under denne perioden.

Fra 499 e. Kr. og fremover startet solen å avansere mot det store senter og menneskets intellekt begynte gradvis å utvikle seg. I løpet av den Oppadstigende Kali Yugas 1100 år, hvilket bringer oss til 1599 e. Kr., var menneskets intellekt så begrenset at det ikke kunne forstå elektrisitetene, *Sukshmabhuta,* skapelsens finere materier. I den politiske verden generelt var det ingen fred i noe land.

Etter denne perioden, da Kali Yugaens 100-årige overgangs-*sandhi* satte inn for å forenes med den påfølgende Dwapara Yuga, begynte menneskene å oppdage eksistensen av finere materie, *panchatanmatra,* eller elektrisitetenes egenskaper. Politisk fred ble etter hvert etablert.

Rundt 1600 e. Kr. oppdaget William Gilbert magnetiske krefter og observerte tilstedeværelsen av elektrisitet i alle materielle substanser. I år 1600 oppdaget Kepler viktige astronomiske lover og Galileo utviklet teleskopet. I 1621 oppfant hollandske Drebbel mikroskopet. Rundt 1670 oppdaget New-

ton loven om gravitasjon. I år 1700 gjorde Thomas
Savery bruk av en dampmaskin. Tjue år senere
oppdaget Stephen Gray elektrisitetens innvirkning
på det menneskelige legeme.

I den politiske verden begynte folk å ha re-
spekt for seg selv og sivilisasjonen gjorde fremgang
på ulike måter. England ble forenet med Skottland
og ble et mektig rike. Napoleon Bonaparte intro-
duserte sin nye lovkodeks i Sør-Europa. Amerika
vant sin uavhengighet og store deler av Europa
hadde fred.

Med vitenskapens fremmarsj ble verden dek-
ket av jernbaner og telegrafiske ledninger. Ved
hjelp av dampmaskiner, elektriske maskiner og
mange andre instrumenter, ble den finere materie
trukket inn i praktiske anvendelser, selv om dens
egenskaper ikke var helt forstått. Ved avslutnin-
gen av Dwapara Sandhis periode på 200 år i 1899,
overgangstiden, vil den egentlige Dwapara Yuga på
2000 år begynne. Det vil gi menneskeheten gene-
relt en grundig forståelse av elektrisitetene og de-
res egenskaper.

Slik er Tidens store innflytelse som styrer uni-
verset. Intet menneske kan overvinne denne inn-
flytelsen unntatt det som er velsignet med ren
kjærlighet - denne himmelske naturens gave som
skjenker guddommelighet. Ved å bli døpt i den hel-
lige strøm *Pranava* (den hellige *Aum*-vibrasjon), vil
selv Guds Rike bli forstått.

Verdens posisjon for øyeblikket (1894 e. Kr.),

i Dwapara Sandhi-æraen, er ikke korrekt vist i hindualmanakkene. Astronomene og astrologene som beregnet almanakkene, var blitt ledet av feilaktige forklaringer fra visse sanskritlærde (som Kalluka Bhatta) under Kali Yugaens mørke tidsalder. De hevder nå at Kali Yugaens varighet er 432.000 år, noe som gir 427.006 gjenstående år. I sannhet en dyster utsikt! og heldigvis en som ikke er sann.

Feilen krøp inn i almanakkene første gang under Raja Parikshits herredømme, like etter avslutningen på den siste Nedadgående Dwapara Yuga. På den tiden, da han merket tilsynekomsten av den mørke Kali Yuga, ga Maharaja Yudhisthira tronen til sin sønnesønn, nevnte Raja Parikshit. Maharaja Yudhisthira. Sammen med alle vismenn fra sitt hoff, trakk han seg tilbake til fjellene i Himalaya, verdens paradis. Derfor var det ingen i Raja Parikshits hoff som kunne forstå prinsippet om den korrekte beregning av de forskjellige Yugaers aldre.

Etter avslutningen av de 2400 år for den daværende Dwapara Yuga, våget følgelig ingen å gjøre fremmarsjen av den mørke Kali Yugaen mer åpenbar ved å begynne å beregne den fra dens første år og således gjøre slutt på antallet Dwapara-år.

I følge denne feilaktige måten å beregne på, ble Kali Yugaens første år nummerert 2401 sammen med Dwapara Yugaens alder. I år 499 e. Kr., da den sanne Kali Yugaens 1200 år var tilbakelagt, og solen hadde nådd punktet som ligger lengst unna det store senter, når Høstjevndøgnet var ved Libras begynnelse på himmelen, ble da Kalis alder, i sin mørkeste periode, anslått til 3600 år i stedet for 1200 år.

Med innledningen av den Oppadstigende Kali Yuga etter år 499 e. Kr., begynte solen i sin bane å rykke frem mot det store senter. Følgelig begynte menneskets intellektuelle evne å utvikle seg. Derfor begynte feilen i almanakkene å bli lagt merke til av tidens vise menn. De fant ut at de gamle *rishiers* beregninger hadde fastsatt perioden til en Kali Yuga til 1200 år. Men da intellektet til disse vise menn ennå ikke var skikkelig utviklet, kunne de bare oppfatte feilen som sådan, men ikke årsaken til den. For å forsone seg med situasjonen, antok de at 1200 år, den virkelige Kali Yugas alder, ikke kunne være ordinære jordiske år, men var tilsvarende mange *daiva*-år ("gudenes år"). Disse besto av 12 *daiva*-måneder på 30 *daiva*-dager hver, hvor hver *daiva*-dag var lik ett ordinært, jordisk solår. I følge disse menn måtte derfor Kali Yugas 1200 år være lik 432.000 jordiske år.

For å trekke den rette konklusjon, må vi imidlertid ta i betraktning Vårjevndøgnets posisjon våren 1894.

De astronomiske oppslagsbøker viser at Vårjevndøgnet nå ligger 20°54'36" fra Aries' første punkt (fiksstjernen Revati). Beregningen viser at 1394 år har passert siden Vårjevndøgnet begynte å fjerne seg fra Aries' første punkt.

Ved å trekke fra 1200 år (lengden av den siste

Oppadstigende Kali Yuga) fra 1394 år, får vi 194 som viser det nåværende år for verdens inntreden i den Oppadstigende Dwapara Yuga. De eldre almanakkers feil vil derfor bli tydelig forklart når vi legger til 3600 år til denne perioden av 1394 år og får 4994 år – noe som i følge den rådende feilaktige teori representerer det nåværende år (1894 e. Kr.) i hindualmanakkene.

[Ved å referere til Diagrammet i denne boken, vil leseren se at Høstjevndøgnet nå faller (1894 e. Kr.) blant stjernene i konstellasjonen Virgo og den Oppadstigende Dwapara Yuga.]

I denne boken er visse sannheter nevnt om de som angår magnetismens egenskaper, dens auraer, ulike typer av elektrisitet, etc., selv om moderne vitenskap ikke har oppdaget dem ennå. De fem typer av elektrisitet kan lett forstås hvis man retter oppmerksomheten mot nerveegenskapene, som er utelukkende elektriske i sin natur. Hver av sansenervene har sin karakteristiske og unike funksjon å utføre. Den optiske nerven transporterer lys og utfører ikke funksjonene til den auditive og de andre nervene. Den auditive nerven transporterer i sin tur bare lyd, uten å utføre funksjonene til de andre nervene, og så videre. Følgelig er det klart at det er fem typer elektrisitet som korresponderer med den kosmiske elektrisitets fem egenskaper.

Hva de magnetiske egenskaper angår, er for tiden fatteevnen til det menneskelige intellekt så begrenset at det ville være nytteløst å forsøke å gjøre emnet forstått av offentligheten generelt. Men-

17

neskets intellekt i Treta Yugaen vil forstå den gud-
dommelige magnetismens egenskaper (den neste
Treta Yuga vil starte i år 4099 e. Kr.). Det finnes rik-
tignok usedvanlige personer som har overvunnet
Tidens innflytelse og som i dag kan forstå det som
vanlige mennesker ikke forstår. Men denne boken
er ikke skrevet for disse opplyste, som ikke behø-
ver noe fra den.

Som avslutning på denne innledningen obser-
verer vi at de forskjellige planeter, som utøver de-
res innflytelse på de ulike ukedager, har lånt deres
navn til de respektive dager. Tilsvarende har de for-
skjellige stjernekonstellasjoner, som har innflytelse
på de ulike måneder, lånt deres navn til hindumå-
nedene. Hver av de store Yugaene øver sterk innfly-
telse over tidsperioden den dekker. I benevnelsen
av årstall er det derfor ønskelig at slike betegnelser
indikerer hvilken Yuga de tilhører.

Da Yugaene blir beregnet fra jevndøgnsposi-
sjonen, er metoden ved å nummerere årene i for-
bindelse med deres respektive Yuga basert på et
vitenskapelig prinsipp. Anvendelsen vil forebygge
mange ulemper som har oppstått i fortiden ved
å assosiere de forskjellige tidsperioder med frem-
stående personer i stedet for med fiksstjernenes
himmelfenomen. Vi vil derfor foreslå å benevne
og nummerere året som denne innledningen er
skrevet i som 194 Dwapara i stedet for 1894 e. Kr.
for å vise det nøyaktige tidspunkt i Yugaen som nå
passerer. Denne beregningsmetode var rådende i
India inntil Raja Vikramadityas herredømme, da

Samvat-æraen ble innført. Da Yugametoden for be-
regning svarer til fornuft, vil vi følge den og an-
befale at den blir fulgt av offentligheten generelt.

I dette 194'de året av Dwapara Yuga, har nå
Kalis mørke alder passert for lenge siden. Ver-
den søker åndelig kunnskap og menneskene tren-
ger kjærlig hjelp fra hverandre. Publiseringen av
denne boken, som ble pålagt meg av min hellige
paramguru maharaj Babaji, håper jeg vil bli til ån-
delig nytte.

Swami Sri Yukteswar Giri

Serampore, Vest-Bengal
Den 26 Falgun, 194 Dwapara
(1894 e. Kr.)

कैवल्यदर्शनम्

KAPITTEL 1

वेदः EVANGELIET

SUTRA 1

नित्यं पूर्णमनाद्यनन्तं ब्रह्म परम् ।
तदेवैकमेवाद्वैतं सत् । १ ।

> Parambrahma (Gud eller Ånd) er evig, fullkommen, uten begynnelse eller ende. Den er ett udelelig Vesen.

Den Evige Far, Gud, *Swami Parambrahma,* er den eneste Reelle Substans, *Sat,* og er alt i alt i universet.

Hvorfor Gud ikke kan forstås. Mennesket er i besittelse av evig tro, og det tror intuitivt på eksistensen av en Substans hvor sanseobjektene – hørsel, berøring, syn, smak og lukt, denne synlige verdens bestanddeler, bare er egenskaper. Siden mennesket identifiserer seg med sitt materielle legeme, sammensatt av de nevnte egenskaper, er han med disse ufullkomne organene bare i stand til å forstå egenskapene, og ikke Substansen som disse egenskapene tilhører. Den Evige Far, Gud, den eneste Substans i universet, er derfor ikke forståelig for mennesket i denne materielle verden, med mindre

21

det blir guddommelig ved å heve seg over denne skapelsen av Mørke eller *Maya*. Se Hebreerbrevet 11:1 og Johannes 8:28:

> *"Men tro er full visshet om det som håpes, overbevisning om det som ikke sees."*

> *"Da sa Jesus til dem: Når dere har løftet Menneskesønnen opp, da skal dere forstå at jeg er Ham."*

SUTRA 2

तत्र सर्वज्ञप्रेमबीजज्ञिचित् सर्वशक्तिबीजमानन्दश्च ॥ २ ॥

I Den (Parambrahma) er opprinnelsen til all kunnskap og kjærlighet, roten til all kraft og glede.

Prakriti **eller Guds Natur.** Den Allmektige Kraft, *Shakti,* eller med andre ord den Evige Glede, *Ananda,* som frembringer verden; og den Allvitende Følelse, *Chit,* som bevisstgjør denne verden, viser Naturen, *Prakriti,* til Gud Faderen.

Hvordan Gud kan fattes. Da mennesket er skapt i Guds bilde, kan det ved å rette oppmerksomheten innover fatte den nevnte Kraft og Følelse, de eneste egenskapene til hans Selv – den Allmektige Kraft som sin vilje, *Vasana,* med nytelse, *Bhoga,* og den Allvitende Følelse som sin Bevissthet, *Chetana,* som nyter, *Bhokta.* Se 1. Mosebok 1:27:

> *"Og Gud skapte mennesket i sitt bilde, i Guds bilde skapte han det, til mann og kvinne skapte han dem."*

SUTRA 3

तत्सर्वशक्तिबीजजडप्रकृतिवासनाया व्यक्तभावः ।

प्रणवशब्दः दिक्कालाणवोऽपि तस्य रूपाणि ॥ ३ ॥

Parambrahma lar skapelsen, uvirksom Natur (Prakriti) oppstå. Fra *Aum* (*Pranava*, Ordet, manifestasjonen av den Allmektige Kraft), utspringer *Kala*, Tiden; *Desa*, Rommet; og *Anu*, Atomet (den vibrerende struktur i skapelsen).

Ordet, Amen (*Aum*) er Skapelsens begynnelse. Manifestasjonen av Den Allmektig Kraft (Frastøtningen og dens komplementære uttrykk, Allvitende Følelse eller Kjærlighet, Tiltrekningen) er vibrasjon, som fremstår som en forunderlig lyd: Ordet, *Amen, Aum.* I dets forskjellige aspekter presenterer *Aum* ideen om forandring, som er Tid, *Kala,* i det Evig Uforanderlige, og ideen om oppdeling, som er Rom, *Desa,* i det Evig Udelelige.

De Fire Ideer: Ordet, Tiden, Rommet og Atomet. Den påfølgende virkning er ideen om partikler – de utallige atomer, *patra* eller *anu.* Disse fire - Ordet, Tiden, Rommet og Atomet – er derfor ett og det samme, og er substansielt ikke annet enn ideer. Denne manifestasjonen av Ordet (som blir kjød, det ytre materielle) skapte denne synlige verden. Følgelig er Ordet, *Amen, Aum,* den Evige Naturs manifestasjon av den Allmektige Far eller Hans Eget Selv, uatskillelig fra og ikke noe annet enn Gud Selv; på samme måte som brennkraften er uatskillelig fra og ikke noe annet enn ilden selv.

23

Se Joh. Åpenbaring 3:14; Johannes 1:1, 3, 14.

"Dette sier Amen, det pålitelige og sannferdige vitne, Guds skaperverks begynnelse"

"I begynnelsen var Ordet, Ordet var hos Gud, og Ordet var Gud.... Alt ble skapt ved ham; uten ham er intet skapt .... Og Ordet ble kjød og tok bolig iblant oss."

SUTRA 4

तदेव जगत्कारणं माया ईश्वरस्य, तस्य व्यष्टिरविद्या ॥ ४ ॥

Skapelsens årsak er *Anu* eller Atomene. I sin helhet kalles de *Maya* eller Herrens illusoriske kraft. Hvert individuelle *Anu* kalles *Avidya*, Uvitenhet.

Atomene som den Skapende Ånds trone. Disse Atomene, som representerer i det indre og det ytre de fire ideer som nevnt ovenfor, er den Skapende Ånds trone. Ved å skinne på dem, skaper Han dette universet. I sin helhet kalles de *Maya*, Mørket, idet de holder Åndens Lys utenfor forståelse. Hver enkelt av dem kalles Avidya, Uvitenhet, da de gjør mennesket uvitende til og med om sitt eget Selv. De før nevnte fire ideer som forårsaker alle disse forvirringene, er derfor nevnt i Bibelen som de fire livsvesener. Så lenge mennesket identifiserer seg med sitt grove materielle legeme, står det langt under det opprinnelige firefoldige Atomet og kan ikke forstå dette. Men når mennesket løfter seg til Atomets nivå, forstår det ikke bare det ytre og det indre, men også hele skapelsen, både den som er manifestert og den som ikke er manifestert (i.e.

"fremfor og bakenfor"). Se Joh. Åpenbaring 4:6.

*"Og midt for tronen og i krets om den sto fire livs-
vesener, med øyne overalt, så de kunne se både fremfor og
bakenfor seg."*

SUTRA 5

तत्सर्वज्ञप्रेमबीजं परं तदेव कूटस्थचैतन्यम् ।

पुरुषोत्तमः तस्याभासः पुरुषः तस्मादभेदः । ५ ।

**Parambrahma's Allvitende Kjærlighetsaspekt
er** *Kutastha Chaitanya.* **Det individuelle Selv, som
er Dets manifestasjon, er ett med Det.**

Kutastha Chaitanya, den Hellige Ånd, *Purus-
hottama. Premabijam Chit's* manifestasjon (Tiltrek-
ning, den Allvitende Kjærlighet) er Livet, den Alle-
stedsnærværende Hellige Ånd, *Kutastha Chaitanya*
eller *Purushottama,* som skinner i Mørket, *Maya,*
for å tiltrekke hver del av det mot Guddomme-
lighet. Men Mørket, *Maya,* eller dets individuelle
deler,[1] *Avidya,* Uvitenheten, som er frastøtningen
selv, kan ikke ta imot eller forstå det Åndelige Lys,
men reflekterer det.

Abhasa Chaitanya **eller** *Purusha,* **Guds Sønner**.
Denne Hellige Ånd, som er manifestasjonen av
den Evige Fars Allvitende Natur, Gud, er ingen an-
nen substans enn Gud Selv. Slik blir disse refleksjo-
ner av åndelige stråler kalt Guds Sønner – *Abhasa
Chaitanya* eller *Purusha.* Se Johannes 1:4, 5, 11.

---

[1] Det vil si dets tilstedeværelse i hvert menneske.

"*I Ham var liv; og livet var menneskenes lys.*"

"*Og lyset skinner i mørket, men mørket tok ikke imot det.*"

"*Han kom til sitt eget, men hans egne tok ikke imot ham.*"

SUTRA 6

चितसकाशादणोर्महत्त्वं तच्चित्तचम्, तत्रसदध्यवसायः ।

सत्त्वं बुद्धिः ततस्तद्विपरीतं मनः

चरमेऽभिमानोऽहंकारस्तदेव जीवः । ६ ।

Atomet former under innflytelse av *Chit* **(universell kunnskap)** *Chitta* **eller den rolige sinnstilstand, som, når den blir åndeliggjort kalles** *Buddhi,* **Intelligens. Dens motstykke er** *Manas,* **Sinnet, som** *Jiva* **lever i: selvet med** *Ahamkara,* **Egoet, ideen om separat eksistens.**

Chitta, **Hjertet;** *Ahamkara,* **Egoet, menneskesønnen.** Dette Atomet, *Avidya,* Uvitenheten, blir åndeliggjort under innflytelse av Universell Kjærlighet, *Chit,* den Hellige Ånd, lik jernfilspon i en magnetisk aura. Når det blir tillagt bevissthet og evnen til følelse, blir det kalt *Mahat,* Hjertet, *Chitta.* Når dette skjer, oppstår ideen om separat eksistens i det, kalt *Ahamkara,* Ego, menneskesønnen.

Buddhi, **Intelligensen;** *Manas,* **Sinnet.** Slik magnetisert, har det to poler: en som tiltrekker det mot den Reelle Substans, *Sat,* og en annen som frastøter det fra denne. Den første kalles *Sattva* eller *Buddhi,* Intelligensen, som bestemmer hva som er

Sannhet. Den andre, som er en del av Frastøtningen, den åndeliggjorte Allmektige Kraft, fremkaller den idémessige verden for glede (*ananda*), og kalles *Anandatwa* eller *Manas*, Sinnet.

SUTRAS 7-10

तदहंकारचित्तविकारपञ्चतत्त्वानि । ७ ।

तान्येव कारणशरीरं पुरुषस्य । ८ ।

तेषां त्रिगुणेभ्य: पञ्चदश विषयेन्द्रियाणि । ९ ।

एतानि मनोबुद्धिभ्यां सह सप्तदशसूक्ष्मांगानि ।

लिंगशरीरस्य । १० ।

Chitta, det åndeliggjorte Atom, hvor *Ahamkara* (ideen om Selvets separate eksistens) kommer til syne, har fem manifestasjoner (aura elektrisiteter).

De (de fem aura elektrisiteter) utgjør det kausale legemet til *Purusha*.

De fem elektrisiteter, *Pancha Tattwa*, skaper *Jnanendriyas* (sanseorganer),

Karmendriyas (handlingsorganer) og *Tanmatras* (sanseobjekter) ut fra deres tre egenskaper, *Gunas*: *Sattva* (positive), *Rajas* (nøytraliserende) og *Tamas* (negative).

Disse femten egenskaper pluss Sinn og Intelligens utgjør de sytten "fine lemmer" til det subtile legemet, *Lingasarira*.

Pancha Tattwa, skapelsens Grunn-Ideer, er det kausale legeme. Dette åndeliggjorte Atom, *Chitta*

(Hjertet), som er den manifesterte Frastøtningen, skaper fem typer aura elektrisiteter fra fem forskjellige deler: en fra midten, to fra de to ytterpunktene, og de andre to fra rommene mellom midten og hvert av ytterpunktene. Disse fem typer elektrisiteter, som blir tiltrukket under innflytelse av Universell Kjærlighet (den Hellige Ånd) mot den Reelle Substans, *Sat,* skaper et magnetisk felt som kalles *Sattva Buddhi,* Intelligensen. Disse fem elektrisiteter, som er årsak til all videre skapelse, kalles *Pancha Tattwa,* de fem Grunn-Ideer, og blir betraktet som det kausale legemet til *Purusha,* Guds Sønn.

Tre *Gunas,* de elektriske egenskaper. De elektrisiteter som utgår fra det polariserte *Chitta* er også i en polarisert tilstand og er utstyrt med tre egenskaper eller *Gunas: Sattva* den positive, *Tamas* den negative og *Rajas* den nøytraliserende.

***Jnanendriyas,* de fem sanseorganer**. De fem elektrisiteters positive egenskaper er *Jnanendriya*s, sanseorganer – lukt, smak, syn, berøring og hørsel. Tiltrukket under innflytelse av *Manas,* Sinnet, som er den motsatte pol av dette åndeliggjorte Atom, danner de et legeme av disse.

***Karmendriyas,* de fem handlingsorganer**. De fem elektrisiteters nøytraliserende egenskaper er *Karmendriyas,* handlingsorganene – utskillelse, repro-

---

NESTE SIDE: Dette diagram som er utformet av utgiverne, har kun til hensikt å vise utviklingen av de ulike aspekter ved skapelsen, og har derfor ikke til hensikt å illustrere deres romlige forhold til hverandre.

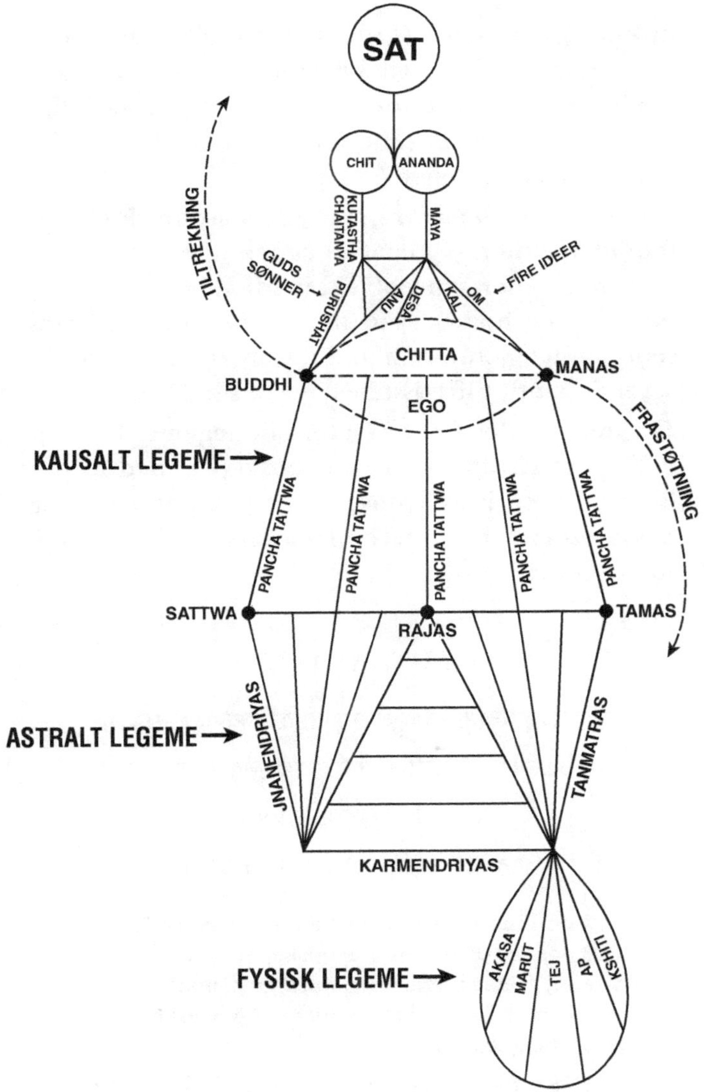
SAT
CHIT
ANANDA
KUTASTHA CHAITANYA
MAYA
TILTREKNING
GUDS SØNNER
FIRE IDEER
PURUSHAT
ANU
DESA
KAL
OM
CHITTA
BUDDHI
MANAS
EGO
FRASTØTNING
KAUSALT LEGEME
PANCHA TATTWA
PANCHA TATTWA
PANCHA TATTWA
PANCHA TATTWA
PANCHA TATTWA
SATTWA
RAJAS
TAMAS
ASTRALT LEGEME
JNANENDRIYAS
TANMATRAS
KARMENDRIYAS
FYSISK LEGEME
AKASA
MARUT
TEJ
AP
KSHITI

duksjon, bevegelse (føtter), manuell evne (hender) og tale. Disse organer, som er manifestasjoner av den nøytraliserende energien til det åndeliggjorte Atom, *Chitta* (Hjertet), danner et energilegeme av livskraft eller *Prana*.

Vishaya **eller** *Tanmatras,* **de fem sanseobjekter.** De fem elektrisiteters negative egenskaper er de fem *Tanmatras* eller sanseobjekter for lukt, smak, syn, berøring og hørsel. Når disse er forenet med sanseorganene gjennom handlingsorganenes nøytraliserende kraft, tilfredsstilles hjertets ønsker.

Lingasarira, **det finere materielle legeme.** Det åndeliggjorte Atoms femten egenskaper med to poler – Sinn og Intelligens – utgjør *Lingasarira* eller *Sukshmasarira,* det finere materielle legemet til *Purusha,* Guds Sønn.

SUTRAS 11,12

ततः पञ्चतत्त्वानां स्थितिशीलतामसिकविषयपञ्चतन्मात्राणां

पञ्चीकरणेन स्थूलशरीरस्यांगानि जडीभूतपञ्चक्षित्यप्तेजो

मरुद्व्योमान्युद्भूतानि । ११ ।

एतान्येव चतुर्विंशतिः तत्त्वानि । १२ ।

Kombinasjonen av de tidligere nevnte fem objekter, som er de negative egenskaper til de fem elektrisiteter, frembringer ideen om grov materie i sine fem former: *Kshiti,* faste stoffer; *Ap,* væsker; *Tejas,* ild; *Marut,* gasser; og *Akasha,* eter.

Disse fem former av grov materie og de tidligere nevnte femten egenskaper, utgjør sammen med

Manas, **Sinnet, sansebevissthet;** *Buddhi,* **diskrimine-
rende Intelligens;** *Chitta,* **Hjertet eller evnen til å
føle; og** *Ahamkara,* **Egoet, de tjuefire grunnleggende
prinsipper for skapelsen.**

Det grovere materielle legeme. De nevnte fem ob-
jekter, som er de negative egenskaper til de fem
elektrisiteter, utgjør når de kombineres, ideen om
grov materie som gir seg til kjenne for oss i fem for-
skjellige former: *Kshiti,* fast; *Ap,* flytende; *Tejas,* ild;
Marut, gass; og *Vyoma* eller *Akasha,* eter. Disse ut-
gjør det ytre dekke kalt *Sthulasarira, Purusha's* grove
materielle legeme, Guds Sønn.

De tjuefire Eldste. Disse fem grove former av ma-
terie og de nevnte femten egenskaper, utgjør
sammen med *Manas,* Sinnet; *Buddhi,* Intelligensen;
Chitta, Hjertet og *Ahamkara,* Egoet, de tjuefire prin-
sipper eller Eldste, som nevnt i Bibelen. Se Joh.
Åpenbaring 4:4.

> *"I en krets rundt tronen så jeg tjuefire andre troner,
> og på dem satt tjuefire eldste . . ."*

Disse tjuefire prinsipper, som fullendte
Mørkets skapelse, *Maya,* er ikke noe annet enn ut-
viklingen av Uvitenheten, *Avidya.* Siden denne Uvi-
tenheten kun er sammensatt av ideer som nevnt
tidligere, har skapelsen i virkeligheten ingen sub-
stansiell eksistens, men er bare et spill av ideer i
den Evige Substans, Gud Faderen.

SUTRA 13

तत्रैव चतुर्दशभुवनानि व्याख्यातानि ꠰ ۹३ ꠰

Universet er delt inn i fjorten sfærer, syv *Swargas* og syv *Patalas*.

Syv sfærer eller *Swargas*. Universet slik det er beskrevet her, utsprunget fra den Evige Substans, Gud, ned til den grove materielle skapelse, har blitt delt inn i syv forskjellige sfærer, *Swargas* eller *Lokas*.

Syvende sfære, *Satyaloka*. Den fremste av disse er *Satyaloka*, Guds sfære – den eneste Reelle Substans, *Sat*, i universet. Intet navn kan beskrive den, heller ikke kan noe i skapelsen av Mørke eller Lys karakterisere den. Sfæren blir derfor kalt *Anama*, den Navnløse.

Sjette sfære, *Tapoloka*. Den neste i rekken er *Tapoloka*, den Hellige Ånds sfære, som er Evig Tålmodighet, da den for alltid forblir uforstyrret av enhver begrenset ide. Fordi ikke en gang Guds Sønner kan nærme seg den, kalles den *Agama*, den Utilgjengelige.

Femte sfære, *Janaloka*. Den neste er *Janaloka*, den åndelige gjenspeilings sfære, Guds Sønner, hvor ideen om Selvets separate eksistens oppstår. Da denne sfæren er utenfor forståelse for enhver som er i skapelsen av Mørke, *Maya*, kalles den *Alakshya*, den Ufattelige.

Fjerde sfære, *Maharloka*. Deretter kommer *Maharloka*, Atomets sfære, begynnelsen til skapelsen av Mørke, *Maya*, der Ånden blir gjenspeilt. Dette er bindeleddet og den eneste veien mellom den åndelige og den materielle skapelsen, og den kalles Døren, *Dasamadwara.*

Tredje sfære, *Swarloka.* Dette Atomet er omgitt av *Swarloka*, den magnetiske auras sfære, elektrisitetene. Denne sfæren, som karakteriseres ved fravær av all skapelse (til og med organene og deres objekter, de finere materielle ting), kalles *Mahasunya*, det Store Tomrom.

Andre sfære, *Bhuvarloka.* Den neste er *Bhuvarloka*, de elektriske egenskapers sfære. Da den grovere materie er helt fraværende fra denne sfæren, og den kjennetegnes ved tilstedeværelsen av kun finere stoffer, kalles den *Sunya*, det Generelle Tomrom.

Første sfære, *Bhuloka.* Den siste og laveste sfære er *Bhuloka*, den grovere materies sfære, som alltid er synlig for alle.

***Sapta Patalas,* syv kirker.** Siden Gud skapte mennesket i sitt bilde, er menneskets legeme lik et bilde av universet. Menneskets materielle legeme har også syv vitale steder, kalt *Patalas.* Når det vender seg til sitt Selv og avanserer på rette måte, sees det Åndelige Lys på disse steder, beskrevet i Bibelen som like mange menigheter. Det stjernelignende lys som sees, er beskrevet som like mange engler. Se Joh. Åpenbaring 1:12, 13, 16, 20.

> *"Og da jeg vendte meg om, så jeg syv gylne lysestaker, og i midten av de syv lysestakene en som var lik en menneskesønn . . . ."*

> *"Og han hadde i sin høyre hånd syv stjerner . . . ."*

> *"De syv stjerner er engler for de syv menigheter (kir-*

*ker); og de syv lysestakene som du så er de syv menig-
heter (kirker). "*

Fjorten Bhuwanas, skapelsens stadier. De ovennevnte
syv sfærer eller *Swargas* og de syv *Patalas* utgjør de fjor-
ten *Bhuwanas*, de fjorten adskilte stadier i skapelsen.

SUTRA 14

त एव पञ्च कोषाः पुरुषस्य । १४ ।

Purusha **er dekket av fem** *koshas* **eller slør.**

Fem *Koshas* **eller Slør.** Denne *Purusha*, Guds Sønn,
er skjermet av fem tildekninger kalt *koshas* eller slør.

Hjertet, det første *Kosha*. Det første av disse
fem er Hjertet, *Chitta*, Atomet, sammensatt av fire
ideer som nevnt tidligere, som føler eller nyter og
således er setet for lykksalighet, *ananda*, kalles *An-
andamaya Kosha*.

Buddhi, det andre *Kosha*. Det andre er de
magnetiske aura-elektrisiteter, manifestasjoner av
Buddhi, Intelligensen, som bestemmer hva som er
sannhet. Således er det setet for kunnskap, *jnana*,
og er derfor kalt *Jnanamaya Kosha*.

Manas, det tredje *Kosha*. Det tredje er legemet
til *Manas*, Sinnet, sammensatt av sanseorganene, som
nevnt tidligere, og er derfor kalt *Manomaya Kosha*.

Prana, det fjerde *Kosha*. Det fjerde er energi-
legemet, livskraft eller *Prana*, sammensatt av hand-
lingsorganene som tidligere beskrevet, og er derfor
kalt *Pranamaya Kosha*.

Grov materie, det femte *Kosha*. Det femte og siste av disse slør er den grove materie, Atomets ytre dekke, som idet det blir *Anna*, næring, opprettholder denne synlige verden og kalles derfor *Annamaya Kosha*.

Kjærlighetens handling. Frastøtningens handling, manifestasjonen av den Allmektige Energi, som slik blir fullstendiggjort, starter manifestasjonen av Tiltrekning (Den Allmektige Kjærlighet i hjertets kjerne). Under innflytelse av denne Allmektige Kjærlighet, Tiltrekningen, vil Atomene bli trukket mot hverandre og komme nærmere og nærmere, inntil de antar former av eter, gasser, ild, væsker og faste stoffer.

Mineralriket. Slik blir denne synlige verden dekorert med soler, planeter og måner, som vi kaller skapelsens mineralrike.

Planteriket. På denne måten vil handlingen av Gudommelig Kjærlighet, når den blir velutviklet, begynne å trekke tilbake utviklingen av *Avidya*, Uvitenhet (partikler av Mørke, *Maya*, den Allmektige Energi manifestert). *Annamaya Kosha*, Atomets ytre slør av grov materie, blir således trukket tilbake og *Pranamaya Kosha* (sløret av *Karmendriyas*, handlingens organer) begynner å virke. I denne organiske tilstand vil Atomene omfavne hverandre tettere til deres hjerter og fremstå som planteriket i skapelsen.

Dyreriket. Når *Pranamaya Kosha* begynner å trekkes tilbake vil *Manomaya Kosha* (Sløret av *Jnanendriyas*, sanseorganene) se dagens lys.

Atomene vil da oppfatte den ytre verdens natur, tiltrekke andre Atomer av forskjellig natur og forme legemer som er nødvendige for nytelse. Slik vil dyreriket oppstå i skapelsen.

Mennesket. Når *Manomaya Kosha* blir trukket tilbake, vil *Jnanamaya Kosha* (Intelligenslegemet sammensatt av elektrisiteter) gjøre seg gjeldende. Atomet, som erverver seg evnen til å bestemme mellom rett og galt, blir da til mennesket, det rasjonelle vesen i skapelsen.

***Devata* eller Engel.** Når mennesket utvikler den Gudommelige Ånd eller Allvitende Kjærlighet i sitt hjerte, er det i stand til å trekke denne *Jnanamaya Kosha* tilbake. Da blir det innerste slør, *Chitta,* Hjertet, (sammensatt av fire ideer) manifestert. Mennesket kalles da *Devata* eller Engel i skapelsen.

Frigjort, *Sannyasi*. Når Hjertet eller det innerste sløret også trekkes tilbake, er det ikke lenger noe som holder mennesket fanget i denne skapelsen av Mørke, *Maya.* Det blir da frigjort, *Sannyasi,* Guds Sønn, og trer inn i skapelsen av Lys.

SUTRAS 15, 16

स्थूलज्ञानक्रमात् सूक्ष्मविषयेन्द्रियज्ञानं स्वप्नवत् । १५ ।

तत्क्रमात् मनोबुद्धिज्ञानञ्चायातमिति परोक्षम् । १६ ।

Liksom objekter vi ser i våre drømmer blir uvirkelige når vi våkner, så er også persepsjoner i våken tilstand tilsvarende uvirkelige – de er kun et produkt av vår slutning.

Sovende og våkne tilstander. Når mennesket sammen-
likner sine ideer om grov materie oppfattet i våken
tilstand med oppfattelsen av ideer i drømme, fører
denne likheten til at det konkluderer med at denne
ytre verden heller ikke er det den ser ut til å være.

Når mennesket leter etter en nærmere forkla-
ring, finner det at inntrykk i våken tilstand egentlig
ikke er annet enn ideer, forårsaket av foreningen
av de fem sanseobjekter (de negative egenskaper
til de fem elektrisiteter) med de fem sanseorga-
ner (deres positive egenskaper) gjennom de fem
handlingsorganer (elektrisitetenes nøytraliserende
egenskaper).

Denne foreningen blir påvirket av Sinnets,
(*Manas´*) aktivitet, og oppfattet eller grepet av In-
telligensen (*Buddhi*). Slik er det klart at alle begrep
mennesket former i sin våkne tilstand bare er kon-
kluderende *Parokshajnana,* ikke annet enn slutninger.

SUTRA 17

ततः सद्गुरुलाभो भक्तियोगश्च तेनापरोक्षः । १७ ।

> **Det nødvendige er en Guru, en Frigjører, som
vil vekke oss opp til *Bhakti* (hengivenhet) og til er-
kjennelser av Sannheten.**

**Når mennesket finner sin *Sat-Guru* eller Frigjø-
rer.** På denne måten vil mennesket, når det forstår
gjennom *Parokshajnana* (riktige slutning) intethe-
ten av den ytre verden, vil det verdsette posisjonen

til Døperen Johannes, den guddommelige person-
lighet som vitnet om Lyset og som bar vitnesbyrd
om Kristus, etter at hjertets kjærlighet, den him-
melske gave fra Naturen, har blitt utviklet.

Ethvert menneske som er viderekommen i
sin oppriktige søken, kan være så heldig å ha det
Gudliknende selskap av slike personligheter, som
i deres vennlighet kan stå for det som sin Ånde-
lige Lærer, *Sat-Guru*, Frelser. Følger han hengivent
den hellige lære til slike guddommelige person-
ligheter, blir mennesket i stand til å rette alle sine
sanseorganer innover mot deres felles sentrum –
Trikuti eller *Sushumnadwara*, døren til den indre
verden – hvor det forstår Stemmen, lik en forun-
derlig "bankende" lyd, (som er den Kosmiske Vi-
brasjon) Ordet, *Amen, Aum*. Mennesket ser da det
Gud-sendte lysende legeme til *Radha*, symbolisert i
bibelen som Forløperen eller Døperen Johannes.
Se Joh. Åpenbaring 3:14-20 og Johannes 1:6, 8, 23.

> *"Og dette sier Han som er Amen, det trofaste og
> sannferdige vitne, opphavet til Guds skaperverk . . . . Se,
> jeg står for døren og banker. Om noen hører min røst og
> åpner døren, da vil jeg gå inn til ham og holde måltid,
> jeg med ham og han med meg."*

> *"En mann sto fram, utsendt av Gud, Johannes var
> hans navn . . . . Han var ikke lyset, men han skulle vitne
> om lyset . . . . Han sa: Jeg er en røst som roper i ødemar-
> ken. Gjør veien rett for Herren . . . ."*

**Ganges, Yamuna, eller Jordan, de hellige strøm-
mer.** På grunn av denne lydens særegne natur, ved
at den utgår som en strøm fra en høyere ukjent

region og fortaper seg i den grove materielle ska-
pelse, blir den kalt innen forskjellige trosretninger
etter navnet på elver som er ansett for hellige: Gan-
ges av hinduer, Yamuna av vaishnavaer[2] og Jordan[3]
av kristne.

Den annen fødsel. Gjennom sitt lysende legeme vil
mennesket som tror på eksistensen av det sanne
Lys – dette universets Liv – bli døpt eller absorbert
i den hellige strøm av denne lyden. Denne dåpen
er på en måte menneskets annen fødsel og blir kalt
Bhakti Yoga[4]. Uten denne kan mennesket ikke for-
stå den sanne, indre verden, Guds rike. Se Johan-
nes 1:9 og 3:3.

> *"Det sanne lys, som opplyser hvert menneske, var i
> ferd med å komme til verden."*

> *"Sannelig, sannelig, jeg sier deg: Ingen kan se
> Guds rike hvis han ikke blir født på ny."*

Aparokshajnana, **den sanne forståelse.** I denne til-
standen begynner menneskesønnen å angre og
vende seg bort fra den grove materielle skapelse,
og han kryper mot sin Guddommelighet, Den
Evige Substans, Gud. Når utviklingen av uvitenhet
blir stoppet, forstår mennesket gradvis den sanne
karakter til denne Mørkets skapelse, *Maya,* som
bare et spill av ideer i den Høyeste Natur på hans

---

[2] Tilbedere av Vishnu, Gud som Opprettholderen.

[3] Se Matteus 3:13-17.

[4] Forening med Gud gjennom Kjærlighet, Tiltrekningen som sta-
dig trekker mennesket mot Guds rike. *(Utgivers anm.)*

eget Selv, den eneste Virkelige Substans. Denne sanne forståelse kalles *Aparokshajnana*.

SUTRA 18

यदात्मनः परमात्मनि दर्शनन्ततः कैवल्यम् ‌। १८ ।

Frigjøring (*Kaivalya*) oppnås når en erkjenner enheten av sitt eget Selv med det Universelle Selv, den Høyeste Virkelighet.

Sannyasi **eller Kristus, den salvede Frelser**. Når all utvikling av Uvitenhet er trukket tilbake, vil Hjertet, som da er fullkomment klart og renset, ikke lenger bare gjenspeile det Åndelige Lys, men aktivt manifestere Det og således bli helliggjort og salvet. Mennesket blir da *Sannyasi*, frigjort, eller Kristus Frelseren.[5] Se Johannes 1:33.

> *"Han du ser Ånden komme ned og bli over, han er det som døper med Den Hellige Ånd."*

Døpt i Lysets strøm. Gjennom denne Frelseren, blir menneskesønnen igjen døpt eller oppslukt i strømmen av Åndelig Lys. Han hever seg over skapelsen av Mørke, *Maya*, går inn i den åndelige verden og blir forenet med *Abhasa Chaitanya* eller *Purusha*, Guds Sønn, slik det skjedde med Herren Jesus fra Nasaret. I denne tilstanden blir mennes-

---

[5] Det vil si, det blir ett med Kristus-bevisstheten, den reflekterte bevissthet til den Evige Far, Gud, i skapelsen, iboende i Ordet eller *Aum*, den Kosmiske Vibrasjon. Slik blir det befridd eller frelst fra *Mayas* mørke, illusjonen om atskillelse fra Faderen. *(Utgivers anm.)*

ket frigjort for alltid fra båndet av Mørke, *Maya.* Se Johannes 1:12 og 3:5.

"Men alle dem som tok imot ham, dem gav han rett til å bli Guds barn – dem som tror på hans navn."

"Sannelig, sannelig, jeg sier deg: Den som ikke blir født av vann og Ånd, kan ikke komme inn i Guds rike."

Å ofre Selvet. Når mennesket slik inngår i den åndelige verden, og blir en Guds Sønn, vil det forstå det universelle Lys – Den Hellige Ånd – som en fullkommen helhet, og sitt Selv som ingenting annet enn en del av *Aum,* Lyset. Da vil mennesket ofre seg selv til Den Hellige Ånd, til Guds Alter. Det forlater den feilaktige idé om separat eksistens og blir ett integrert hele.

Kaivalaya, **foreningen.** Ved å bli ett med Gud Faderens universelle Hellige Ånd, blir mennesket forenet med den Virkelige Substans, Gud. Denne foreningen av Selvet med den Evige Substans, Gud, kalles *Kaivalya.*[6] Se Joh. Åpenbaring 3:21.

"Den som seirer, ham vil jeg la sitte sammen med meg på min trone, liksom jeg selv har seiret og satt meg med min Far på Hans trone."

---

[6] Bokstavelig: "isolasjon", absolutt uavhengighet eller frigjøring gjennom enhet med Gud. (*Utgivers anm.*)

KAPITTEL 2

अभीष्टम् । MÅLET

SUTRA 1

अतो मुक्तिजिज्ञासा । १ ।

Så oppstår ønsket om frigjøring.

Frigjøring, det viktigste målet. Når mennesket gjennom egne slutninger forstår denne skapelsens virkelige natur, det virkelige forholdet mellom skapelsen og seg selv, og når det videre forstår at det er fullstendig forblindet under innflytelsen av Mørke, *Maya*, og at det er dette fengselet av Mørke alene som får det til å glemme sitt sanne Selv og forårsake alle dets lidelser, vil det naturligvis ønske å bli løst fra alle disse onder. Denne befrielsen fra onder, eller frihet fra *Mayas* bånd, blir nå det viktigste målet i menneskets liv.

SUTRA 2

मुक्तिः स्वरूपेऽवस्थानम् । २ ।

Frigjøring er stabiliseringen av *Purusha* (*jiva*, sjel) i menneskets sanne Selv.

Å bli i Selvet er frigjøring. Når mennesket hever seg over idé-skapelsen av dette Mørke, *Maya*, og unndrar seg fullstendig dets innflytelse, blir det frigjort fra alle bånd og blir i sitt sanne Selv, den Evige Ånd.

SUTRA 3

तदा सर्वक्लेशनिवृत्तिः परमार्थसिद्धिश्च । ३ ।

**Da er det opphør av all smerte og oppnåelse av
det endelige mål (sann fullendelse, Gudserkjennelse).**

Frigjøring er frelse. Ved å oppnå denne frigjørin-
gen blir mennesket frelst fra alle sine lidelser, og
alle hjertets ønsker blir oppfylt, det endelige mål
for livet blir oppnådd.

SUTRA 4

इतरत्र अपूर्णकामजन्मजन्मान्तरव्यापि दुःखम् । ४ ।

**I motsatt fall vil mennesket i liv etter liv erfare
skuffelser ved uoppfylte ønsker.**

Hvorfor mennesket lider. Så lenge mennesket iden-
tifiserer seg med sitt materielle legeme og mislykkes
i å finne hvile i sitt sanne Selv, føler det at hjertets
ønsker forblir uoppfylte. For å tilfredsstille dem må
mennesket gjentatte ganger ikles kjøtt og blod på li-
vets scene, utsatt for påvirkningen av Mørke, *Maya*,
og det må gjennomgå alle livets og dødens lidelser
ikke bare i dette, men også i fremtidige liv.

SUTRAT 5, 6

क्लेशोऽविद्यामातृकः । ५ ।

भावेऽभावोऽभावे भाव इत्येवं बोधोऽविद्या । ६ ।

Lidelser er født av *Avidya*, Uvitenhet. Uvitenhet er oppfattelse av det ikke-eksisterende, og manglende oppfattelse av det Eksisterende.

Hva er uvitenhet? Uvitenhet, *Avidya*, er misoppfattelse eller feilaktig oppfattelse om eksistensen av det som ikke eksisterer. Gjennom *Avidya* tror mennesket at denne materielle skapelsen er det eneste som substansielt eksisterer, at det ikke er noe hinsides, og det glemmer at denne materielle skapelse substansielt er intet, og at den kun er et spill av ideer i den Evige Ånd, den eneste Reelle Substans, hinsides forståelse av den materielle skapelse. Denne Uvitenheten er ikke bare en lidelse i seg selv, men er årsaken til alle andre lidelser i mennesket.

SUTRAS 7-12

तदेवावरणविक्षेपशक्तिविशिष्टत्वात्

क्षेत्रमस्मिताभिनिवेशरागद्वेषाणाम् । ७ ।

तस्यावरणशक्तेरस्मिताभिनिवेशौ विक्षेपशक्तेश्च रागद्वेषौ । ८ ।

स्वामिशत्त्योरविविकृतज्ञानमस्मिता । ९ ।

प्राकृतिकसंस्कारमात्रमभिनिवेशः । १० ।

सुखकरविषयतृष्णा रागः । ११ ।

दुःखकरविषयत्यागतृष्णा द्वेषः । १२ ।

Avidya, Uvitenhet, som er i besittelse av den tofoldige kraften av polaritet, manifesteres som egoisme, tilknytning, aversjon, og blind fastholdelse.

Den formørkende kraften av *Maya* **fremkaller egoisme og blind fastholdelse. Den polare kraften av** *Maya* **fremkaller tilknytning (tiltrekning) og aversjon (frastøtning).**

Egoisme er et resultat av en manglende skjelne-evne mellom det fysiske legeme og det sanne Selv.

Fastholdelse er et resultat av naturlig betinging (troen på at Naturen og dens lover er endelige, i stedet for tro på de alt-forårsakende krefter i Sjelen.)

Tilknytning er tørst etter objekter som gir lykke.

Aversjon er ønske om å få fjernet objekter som gjør en ulykkelig.

Uvitenhet er kilden til all lidelse. For å forstå hvordan denne Uvitenheten er kilden til all lidelse, må vi huske (som nevnt i foregående kapittel) at Uvitenhet, *Avidya,* ikke er noe annet enn en partikkel av Mørke, *Maya,* og er derfor i besittelse av begge *Mayas* egenskaper. Den ene er dens formørkende kraft, som forhindrer mennesket i å fatte noe hinsides den materielle skapelse. Denne formørkende kraften fremkaller *Asmita* eller Egoisme, identifikasjonen av Selvet med det materielle legemet. Dette er ikke annet enn utviklingen av Atomet, partikler av den universelle kraft, og *Abhinivesa* eller blind fastholdelse av troen på gyldigheten og den endelige verdien av den materielle skapelsen.

Gjennom den andre av *Mayas* egenskaper, forårsaker Uvitenhet eller *Avidya* i dens polariserte tilstand tiltrekning til visse objekter og frastøtning av andre. Objekter for tiltrekning er objekter av fornøyelse, som danner Tilknytning, *Raga*. Objekter som blir frastøtt er de som forårsaker smerte, og som danner Aversjon, *Dwesha*.

SUTRA 13

क्लेशमूलं कर्म तद्विपाक एव दुःखम् । १३ ।

Roten til smerte er egoistiske handlinger, som (siden de er basert på illusjoner) fører til elendighet.

Hvorfor mennesket er bundet. Påvirket av disse fem besværligheter: Uvitenhet, Egoisme, Tilknytning, Aversjon og Fastholdelse ved den materielle skapelse, blir mennesket ledet til å vikle seg inn i egoistiske handlinger med den følge at det lider.

SUTRAS 14, 15

सर्वदुःखानां निवृत्तिरित्यर्थः । १४ ।

निवृत्तावप्यनुवृत्त्यभावः परमः । १५ ।

Menneskets formål er fullstendig frihet fra ulykkelighet.

Når mennesket en gang har avskaffet all lidelse slik at den ikke kan vende tilbake, har det nådd det høyeste mål.

Hjertets høyeste mål. Hos mennesket er opphøret av all lidelse *Artha*, hjertets umiddelbare mål. Den fullstendige utslettelse av alle disse lidelser, slik at de ikke kan gjenoppstå, er *Paramartha*, det høyeste mål.

SUTRAS 16–21

सर्वकामपूर्णत्वे सर्वदुःखमूलक्लेशनिवृत्तिः तदा
परमार्थसिद्धिः । १६ ।

सच्चिदानन्दमयत्वप्राप्तिरिति स्थिरकामाः । १७ ।

सद्गुरुदत्तसाधनप्रभावात् चित्तस्य प्रसाद एवानन्दः । १८ ।

ततः सर्वदुःखानां हानन्तदा सर्वभावोदयश्चित् । १९ ।

तत आत्मनो नित्यत्वोपलब्धिः सत् । २० ।

तदेव स्वरूपं पुरुषस्य । २१ ।

Eksistens, bevissthet og lykksalighet er de tre
lengsler i menneskets hjerte.

Ananda, lykksalighet, er hjertets tilfredsstillelse
gjennom en Frigjørers, *Sat-Gurus* veiledninger.

Chit, sann bevissthet, ødelegger fullstendig alle
svakheter og vekker alle dyder.

Sat, eksistens, oppnås gjennom erkjennelse av
sjelens uforanderlighet.

Disse tre kvaliteter utgjør menneskets sanne
natur.

Med alle ønsker oppfylt og alle lidelser fjernet,
oppnås *Paramartha* (det høyeste mål).

De virkelige nødvendigheter. Mennesket føler et na-
turlig og nødvendig behov for *Sat*, Eksistens, *Chit*, Be-
vissthet og *Ananda*, Lykksalighet. Disse tre er de vir-
kelige nødvendigheter for det menneskelige hjertet,
og de har ingen forbindelse med noe utenfor dets
Selv. De er essensielle egenskaper ved menneskets
egen natur, som beskrevet i det foregående kapittel.

Hvordan mennesket oppnår Lykksalighet. Når mennesket lykkes i å oppnå velvillighet hos en guddommelig personlighet, *Sat-Guru*, og med hengivenhet følger dennes hellige forskrifter, blir det i stand til å rette all sin oppmerksomhet innover og tilfredsstille alle hjertets lengsler, og derved oppnå tilfredshet, *Ananda*, Sann Lykksalighet.

Hvordan Bevissthet kommer til syne. Med hjertet tilfredsstilt, blir mennesket i stand til å feste oppmerksomheten på og forstå alle aspekter ved sine valg. Slik vil *Chit*, bevisstheten om alle varianter av Naturen opp til den første manifestasjon, Ordet, (Amen, *Aum*), til og med ens eget Sanne Selv, gradvis komme til syne. Idet mennesket blir absorbert i denne strømmen av bevissthet, blir det døpt og begynner å føle anger og vender tilbake mot sin Guddommelighet, den Evige Far, som det har falt fra. Se Joh. Åpenbaring 2:5.

"Husk derfor hvor du sto før du falt. Vend om og gjør igjen dine første gjerninger!"

Hvordan Eksistens blir erkjent. Når mennesket blir bevisst sin virkelige tilstand og denne skapelsens natur av Mørke, *Maya*, får det absolutt makt over den og vil gradvis trekke tilbake all utvikling av Uvitenhet. På denne måten, frigjort fra innflytelsen av denne skapelsen av Mørke, forstår mennesket sitt eget Selv som Uforgjengelig og Alltid Eksisterende Sann Substans. *Sat*, Selvets Eksistens, kommer derfor til syne.

Hvordan hjertets høyeste mål blir oppnådd.

Ved oppnåelsen av alle hjertets nødvendigheter –
Sat, Eksistens, *Chit,* Bevissthet, og *Ananda,* Lykksa-
lighet – vil Uvitenhet, alle onders mor, bli oppløst
og følgelig vil all denne verdens elendighet, kilden
til alle slags lidelser, opphøre for alltid. Således blir
hjertets høyeste mål oppnådd.

SUTRA 22

तदा सर्वकामपूर्णोपरमार्थसिद्धिकात् गुणानाम्प्रतिप्रसव

आत्मनः स्वरूपप्रतिष्ठा, तदेव कैवल्यम् । २२ ।

**Med alle oppfyllelser av menneskets natur opp-
nådd, blir mennesket ikke bare en gjenspeiling av
guddommelig lys, men aktivt forenet med Ånden.
Denne tilstand er *Kaivalaya,* Enhet.**

Hvordan mennesket finner frigjøring. I denne til-
standen, der alle nødvendigheter har blitt opp-
nådd og det høyeste mål nådd, blir hjertet full-
komment renset. I stedet for kun å reflektere det
åndelige lys, vil mennesket aktivt manifestere det.
Således innvidd eller helliggjort av den Hellige
Ånd, blir mennesket til en Kristus, en helliggjort
Frelser. Det blir Guds Sønn og går inn i det Ånde-
lige Lysets Rike.

I denne tilstand forstår mennesket sitt Selv
som en del av den Universelle Hellige Ånd. Det
gir slipp på den fruktesløse ideen om separat eksis-
tens, forener seg med den Evige Ånd, det vil si, blir
ett med Gud Faderen. Denne foreningen av Sel-

vet med Gud er *Kaivalaya*, det Høyeste Mål for alle skapninger. Se Johannes 14:11.

> *"Tro meg når jeg sier at jeg er i Faderen og Faderen i meg."*

KAPITTEL 3

साधनम् VEIEN

SUTRAS 1-4

तपःस्वाध्यायब्रह्मनिधानानि यज्ञः । १ ।

मात्रास्पर्शेषु तितिक्षा तपः । २ ।

आत्मतत्त्वोपदेशश्रवणमननिदिध्यासनमेव स्वाध्यायः । ३ ।

प्रणवशब्द एव पन्था ब्रह्मणः तस्मिन्

आत्मसमर्पणं ब्रह्मनिधानम् । ४ ।

Yajna, offerhandling, innebærer botsøving
(*Tapas*), grundig studium (*Swadhyaya*), og praktise-
ring av meditasjon over *Aum* (*Brahmanidhana*).

Botsøving betyr tålmodighet eller å ha sinnsro i
alle situasjoner (likevekt midt i *Mayas* vesentlige dua-
liteter; kulde og hete, smerte og velbehag, osv.).

Swadhyaya består i å lese eller høre åndelige
sannheter, reflektere over dem, og utforme en klar
oppfatning om dem.

(Meditasjon over) *Pranava*, den gudommelige
lyd av *Aum*, er den eneste vei til Brahman (Ånd),
frigjøring.

Tålmodighet, tro, og hellig arbeid forklart. *Tapas*
er religiøs ydmykelse eller tålmodighet, både i gle-
der og i lidelser. *Swadhyaya* er *sravana*, studium,
med *manana*, dyp oppmerksomhet, og derved *ni-
didhyasana*, utforming av en ide om den sanne tro
om Selvet; det vil si, hva jeg er, hvorfra jeg kom,

hvor jeg skal gå, hvorfor jeg er kommet og andre slike spørsmål om Selvet. *Brahmanidhana* er dåpen ved å la Selvet smelte sammen med strømmen av den Hellige Lyd (*Pranava, Aum*), som er det hellige arbeid som må utføres for å oppnå frigjøring og den eneste vei mennesket kan gå for å vende tilbake til sin Guddommelighet, den Evige Far, hvorfra det har falt. Se Joh. Åpenbaring 2:19.

> *"Jeg vet om dine gjerninger, din kjærlighet og din tro, din tjeneste og din utholdenhet. Ja, dine siste gjerninger har overgått dine første."*

SUTRAS 5, 6

श्रद्धावीर्यस्मृतिसमाध्यनुष्ठानात् तस्याविर्भावः । ५ ।

स्वभावजप्रेम्णः वेगतीव्रता श्रद्धा । ६ ।

Aum **vil høres gjennom kultivering av** *Sraddha* **(hjertets naturlige kjærlighet),** *Virya* **(moralsk mot),** *Smriti* **(erindring om ens guddommelighet) og** *Samadhi* **(sann konsentrasjon).**

Sraddha **er intensivering av hjertets naturlige kjærlighet.**

Hvordan den Hellige Lyd manifesteres. Denne Hellige Lyd *Pranava Sabda* manifesteres spontant gjennom kultivering av *Sraddha*, energiaspektet til hjertets naturlige kjærlighet; *Virya*, moralsk mot; *Smriti*, sann forståelse; og *Samadhi*, sann konsentrasjon.

Kjærlighetens dyd. Hjertets naturlige kjærlighet er den viktigste forutsetning for å oppnå et hellig liv.

Når denne kjærlighet, den himmelske gave fra Naturen, oppstår i hjertet, fjerner den alle årsaker til forstyrrelser fra legemet og kjøler det ned til en fullkomment normal tilstand. Ved at den styrker de vitale krefter, fordriver den alt fremmed stoff – årsakene til sykdommer – på naturlige måter (perspirasjon osv.). Den gjør derved mennesket fullkomment sunt i kropp og sinn, og gjør det i stand til å forstå Naturens ledelse på riktig vis.

Når denne kjærligheten blir utviklet i mennesket, blir det gjort i stand til å oppfatte den virkelige posisjonen til sitt eget Selv så vel som andres omkring ham.

Ved hjelp av denne utviklede kjærligheten blir mennesket brakt i kontakt med Gud-liknende personligheter og frigjort for alltid. Uten denne kjærligheten kan det ikke leve på den naturlige måten, heller ikke være i selskap med personer som fremmer dets egen velferd. Mennesket blir ofte forstyrret av fremmede stoffer som tas inn i dets system gjennom feil oppfatning av Naturens ledelse, og følgelig lider det både legemlig og mentalt. Det kan aldri finne noen fred, og livet blir en byrde. Derfor er kultiveringen av denne kjærligheten, den himmelske gave, en forutsetning for oppnåelse av hellig frigjøring. Det er umulig for mennesket å komme videre uten den. Se Joh. Åpenbaring 2:2-4.

> *"Jeg kjenner dine gjerninger; du har arbeidet, og du har holdt ut, jeg vet også at du ikke kan tåle det onde. Du har prøvd de som kaller seg apostler, men ikke er det, og du har funnet at de er løgnere."*

"Du har holdt ut; du har tålt mye for mitt navns skyld og ikke gått trett."

"Men dette har jeg imot deg; at du har forlatt din første kjærlighet."

SUTRAS 7, 8

श्रद्धासेवितसद्गुरोः स्वभावजोपदेशपालने वीर्यलाभः । ७ ।

सर्व एव गुरवः सन्तापहारकाः संशयच्छेदकाः शान्तिप्रदायकाः

सत् तत्संगः ब्रह्मवत् करणीयः, विपरीतमसत्

विषवद्वर्जनीयम् । ८ ।

Moralsk mot (*Virya*) oppstår fra *Sraddha*, ved å rette sin kjærlighet mot guruen, og ved lidenskapelig å følge hans instruksjoner.

De som fjerner våre vanskeligheter, jager bort vår tvil og gir oss fred, er sanne lærere. De utfører et Gudliknende arbeid. De motsatte (de som øker vår tvil og våre vanskeligheter) er skadelige for oss og burde bli unngått som gift.

Som tidligere beskrevet, er skapelsen ikke noe annet enn Naturens idéspill på den Sanne Substans, Gud, den Evige Far, som er Guru - den Høyeste – i universet. Alle skapte ting er derfor ikke noen annen substans enn denne Guru, den Høyeste Far, Gud Selv, oppfattet som de mangfoldige aspekter i Naturens spill. Se Johannes 10:34 og Salmenes Bok 82:6.

"Jesus svarte dem, står det ikke skrevet i deres egen lov: Jeg har sagt: Dere er guder?"

"Jeg har sagt: Dere er guder; og dere er alle barn av den Høyeste."

Det i skapelsen som kan lette våre byrder og vår tvil og gi oss fred, enten det er levende eller ikke levende, og hvor ubetydelig det enn kan være, har krav på vår største respekt. Selv om det blir oppfattet av andre med den største forakt, bør det bli betraktet som *Sat* (Frigjører) og dets selskap som Gudliknende. Det som gir motsatte resultater, ødelegger vår fred, kaster oss ut i tvil og skaper vår elendighet, bør bli betraktet som *Asat*, det godes ødelegger, og bør bli unngått. Indiske vismenn har et utsagn:

अप्सु देवो मनुष्याणां दिवि देवो मनीषिणाम् ।

काष्ठलोष्ट्रेषु मूर्खाणां युक्तस्यात्मनि देवता ॥

[Noen anser guddommer for å eksistere i vann, (dvs. i naturens elementer) mens de lærde anser dem for å eksistere i himmelen (den astrale verden); de uvitende søker dem i trær og steiner (dvs. i bilder og symboler) men Yogien erkjenner Gud i sitt eget Selvs helligdom.]

For å oppnå frigjøring søker menneskene som deres Frelser det de kan forstå ut fra deres egne utviklingstrinn. Generelt sett tror folk at sykdom er en ren ulykke; og at vann, når det blir riktig anvendt, kan fjerne sykdommer. Uvitende mennesker kan da velge vann som deres Guddom.

Filosofer som er i stand til å forstå det Lys som skinner i deres indre, finner deres hjerters kjærlighet strømme mot Lyset som letter dem for alle årsaker til forstyrrelse og kjøler ned deres legeme til en normal tilstand. Det gir styrke til de vitale krefter og gjør dem fullkomment sunne i kropp og sinn. De godtar da dette Lyset som deres Guddom eller Frigjører.

Uvitende mennesker kan i blind tro godta et stykke tre eller stein som deres Frelser eller Guddom i den ytre skapelsen, som deres hjerters naturlige kjærlighet vil utvikles mot. Det vil lette dem for alle forstyrrende årsaker, kjøle ned deres legeme til en normal tilstand og vitalisere deres krefter. De opplyste vil, på den annen side, finne deres Guddom eller Frigjører i Selvet og ikke utenfor i den ytre verden.

Tenk på Guruen med dyp kjærlighet. Å være i selskap med Guruen betyr ikke bare å være i hans fysiske nærvær (noe som av og til er umulig), men hovedsaklig å bevare ham i våre hjerter, være ett med ham i prinsipp og bringe oss i harmoni med ham.

Denne tanken har blitt uttrykt av Lord Bacon: " En folkemengde er ikke et selskap, bare et galleri av ansikter." Å være i selskap med et Gudliknende menneske er derfor å assosiere det med *Sraddha*, hjertets kjærlighet intensivert som forklart ovenfor, og ved fullt ut å holde hans personlighet og egenskaper i sitt sinn, videre å reflektere over ham og hengivent følge hans instruksjoner, som et lam. Se Johannes 1:29.

"Se, der er Guds Lam, som tar bort verdens synder."

Ved å gjøre dette, og når mennesket blir i
stand til å oppfatte den sublime tilstanden til sine
guddommelige brødre, kan det være så heldig å få
bli i deres selskap og bli hjulpet av en det velger
som sin Åndelige Veileder, *Sat-Guru*, Frelser.

For å oppsummere: *Virya* eller moralsk mot
kan oppnås ved kultivering av *Sraddha*, ved å gi sin
naturlige kjærlighet til sin Veileder, ved bestandig
å være i hans selskap (på den indre måten som al-
lerede nevnt), og ved hengivent å følge hans hel-
lige anvisninger som blir gitt gavmildt og spontant.

SUTRAS 9-11

तद्वीर्य यमनियमानुष्ठानात् दृढभूमिः । ९ ।

अहिंसासत्यास्तेयब्रह्मचर्यापरिग्रहादयो यमः । १० ।

शौचसन्तोषसद्गुरुपदेशपालनादयः नियमः । ११ ।

**Moralsk mot blir styrket ved å overholde *Yama*
(moral eller selvkontroll) og *Niyama* (religiøse regler).**

**Yama omfatter ikkevold mot andre, sannferdig-
het, ikke å stjele, avholdenhet og mot.**

**Niyama betyr renhet i kropp og sinn, tilfredshet
i alle forhold og lydighet (mot guruen).**

Fasthet i et moralsk mot kan oppnås ved å ut-
vikle *Yama*, de religiøse selvbeherskelser: Fravær
av grusomhet, uærlighet, begjær, unaturlig livsfør-
sel og unødvendige besittelser. Og *Niyama*, de re-
ligiøse overholdelser: Renhet i kropp og sinn – å
rense kroppen utvendig og innvendig for alle frem-

mede elementer som, når de får utvikle seg, ska-
per forskjellige slags sykdommer i systemet, og å
rense sinnet for alle fordommer og dogmer som
gjør en snever – tilfredshet i alle forhold; og lydig-
het overfor de hellige forskrifter fra guddomme-
lige personligheter.

Hva er et naturlig levevis? For å forstå hva et na-
turlig levevis er, er det nødvendig å skille det fra
det som er unaturlig. Vårt levevis avhenger av val-
get av (1) mat, (2) bosted, (3) selskap. For å leve
naturlig kan de lavere dyrene velge selv ved hjelp
av deres instinkter og de naturlige voktere i de-
res sanser – organene for syn, hørsel, berøring,
lukt og smak. For de fleste mennesker er imidler-
tid disse organene så forstyrret av unaturlig leve-
vis fra barndommen at de gir liten grad av pålite-
lighet. For å forstå hva våre naturlige behov er, må
vi derfor stole på våre observasjoner, eksperiment
og konklusjoner.

Hva er naturlig føde for mennesket? For å velge vår
naturlige føde, bør vår første observasjon være ut-
formingen av våre organer som er med i fordøyel-
sesprosessen, tennene og fordøyelseskanalen, hvor-
dan de naturlige tendenser hos dyrene leder dem
til føden deres og til ernæringen av de unge.

Observasjon av tennene. Gjennom observa-
sjon av tennene kan vi finne at hos kjøttetende dyr
er fortennene lite utviklet, men hjørnetennene er
oppsiktsvekkende lange, slanke og spisse, for å gripe
et bytte. Jekslene er også spisse, men de møtes ikke.
De står på rekke for å dele opp muskelfibrene.

Hos planteetere er fortennene bemerkelses-
verdig utviklet, hjørnetennene er redusert (skjønt
i noen tilfelle utviklet til våpen, som hos elefan-
ten), jekslene er brede og utstyrt med emalje kun
på sidene.

Hos frukteterne er alle tennene nesten av
samme høyde. Hjørnetennene er litt forhøyet, ko-
niske og avrundet (tydelig ikke beregnet på å gripe
et bytte, men for å gi styrke). Jekslene er polerte
med emaljefolder på toppen for å hindre forspil-
lelse forårsaket av sidebevegelser, men ikke spisse
for å tygge kjøtt.

Hos altetende dyr som bjørner, er på den an-
nen side fortennene lik de hos planteetere, hjør-
netennene er lik de hos kjøttetere og jekslene er
både spisse og brede på toppen for å kunne tjene
begge formål.

Hvis vi nå observerer dannelsen av tenner hos
mennesket, finner vi at de hverken likner de hos
kjøtteterne, heller ikke de hos planteeterne eller
hos altetende dyr. De likner nøyaktig på tennene
hos fruktetende dyr. Den rimelige slutningen er
derfor at mennesket er et fruktetende dyr. [1]

Observasjon av fordøyelseskanalen. Ved å ob-
servere fordøyelseskanalen, finner vi at tarmene
hos kjøttetende dyr er 3 til 5 ganger kroppsleng-
den, målt fra munn til endetarmsåpning; og at ma-

---

[1] Med frukt menes alle planter som er nyttige for mennesket.
Fruktdietten Sri Yukteswar referer til, omfatter grønnsaker, nøt-
ter og kornsorter. *(Utgivers anm.)*

gene er nesten runde. Tarmene hos planteetere er 20 til 28 ganger kroppslengden og magen er større og mer sammensatt. Men hos fruktetere er magen 10 til 12 ganger kroppslengden. Deres mager er noe bredere enn hos kjøtteterne og har en forlengelse i tolvfingertarmen, som fungerer som en ekstra mage.

Dette er nøyaktig den utformingen vi finner hos mennesket, skjønt lærebøker i anatomi sier at menneskets tarmer er 3 til 5 ganger kroppslengden – med den feil at denne regnes fra issen til fotsålene, i stedet for fra munn til endetarmsåpning. Slik kan vi igjen trekke den slutning at mennesket er med all sannsynlighet et fruktetende dyr.

Observasjon av sanseorganene. Ved å observere de naturlige tendenser til sanseorganene – kriteriene for å bestemme hva som er næring – som alle dyr ledes til føden ved, finner vi at når det kjøttetende dyret finner bytte, blir det så opptent at øynene begynner å gnistre. Det griper modig byttet og slikker grådig i seg det flytende blodet. På den annen side nekter de planteetende dyrene å spise det som er naturlig føde for dem og lar den ligge urørt, hvis den er tilsølt med litt blod. Deres lukt og smakssanser leder dem til utvalgte gressarter og andre slags urter, som de spiser med glede. På samme måte er det med de fruktetende dyrene. Vi finner at deres sanser alltid leder dem til frukter av trær og planter.

Hos mennesker av alle raser finner vi at deres lukt- syn- og hørselssanser aldri leder dem til å slakte dyr. Tvert imot kan de ikke en gang tåle synet av slike drap. Slaktehus blir alltid anbefalt å ligge langt vekk fra byene, og det pålegges ofte strenge regler mot utildekket transport av kjøtt. Kan kjøtt derfor anses som naturlig føde for mennesket, når både dets øyne og nese reagerer så negativt, medmindre kjøttet blir forrådt av krydder, salt og sukker? På den annen side, hvor frydefull finner vi ikke duften av frukter, bare synet av dem får ofte tennene til å løpe i vann! Så igjen finner vi fra disse observasjoner at mennesket var ment å være et fruktetende dyr.[2]

Observasjon av ernæring hos de unge. Ved å observere de unges ernæring, finner vi at melk utvilsomt er maten for det nyfødte barnet. Rikelig med melk produseres ikke i brystene til moren, hvis ikke hun inntar frukt, korn og grønnsaker som hennes naturlige føde.

Årsaker til sykdom. Etter disse observasjonene er den eneste fornuftige konklusjon som kan trekkes, at forskjellige typer korn, frukter og røtter - og for drikke, melk og rent vann som er utsatt for frisk luft og sollys - avgjort de beste naturlige næringsstoffer for mennesket. Da disse er nyttige for hele systemet når de inntas i samsvar med vår fordøyelsesevne, er de alltid lett fordøyelige når de blir godt tygget og blandet med spytt.

---

[2] "Og Gud sa: Se, jeg har gitt dere alle planter som setter frø, så mange som det finnes på hele jorden, og alle trær som bærer frukt med frø i. De skal være til føde for dere." 1. Mosebok 1,29. *(Utgivers anm.)*

Annen føde er unaturlig for mennesket, den er uheldig for systemet og fremmed for det. Når den kommer ned i magesekken blir den ikke skikkelig fordøyd. Blandet med blodet, samles den opp i tykktarmen og i andre organer uten å bli behandlet riktig. Når den ikke finner noen vei ut, går den inn i sprekker i vevet som følge av gravitasjonen. Den gjærer og fremkaller sykdommer, både mentale og fysiske, og fører til slutt til en for tidlig død.

Barns utvikling. Eksperimenter beviser også at den problemfrie dietten for vegetarianere uten unntak også er den mest passende for barns utvikling, både fysisk og mentalt. Deres sinn, forståelse, vilje, primære evner, temperament og generelle anlegg blir også riktig utviklet.

Naturlig levevis beroliger lidenskaper. Vi finner at når ekstraordinære virkemidler som overdreven faste, pisking, eller monastisk avholdenhet blir anvendt for å undertrykke seksuelle lidenskaper, frembringer de sjelden den ønskede virkningen. Eksperimenter viser at mennesket lett kan overvinne disse lidenskaper - moralens erkefiende – ved et naturlig liv på den ovennevnte irritasjonsfrie dietten. Gjennom denne vinner mennesket en sinnsro som enhver psykolog kjenner som den mest gunstige for mental aktivitet, og for en klar forståelse så vel som en rettskaffen tenkemåte.

Seksuelt begjær. Noe mer bør sies her om det naturlige instinkt om formering, som nest etter selvoppholdelse er den sterkeste driften i dyrelegemet. Seksuelt begjær, lik alle andre begjær,

har en normal og en unormal eller sykelig tilstand,
sistnevnte er et resultat av fremmede stoffer opp-
samlet i kroppen gjennom unaturlig levevis som
nevnt tidligere. I det seksuelle begjæret har enhver
et nøyaktig termometer for å indikere sin helsetil-
stand. Dette begjæret er tvunget fram fra sin na-
turlige tilstand gjennom irritasjon av nerver som
resultat av et trykk av fremmed stoff oppsamlet i
systemet, som utøves på seksualorganene og som
først viser seg ved et økt seksuelt begjær fulgt av en
gradvis svekkelse av kraften.

Seksualdriften i sin normale tilstand gjør men-
nesket fri fra alle forstyrrende lyster, den opererer
(vekker et ønske om tilfredsstillelse) kun sjelden
i organismen. Her kan igjen eksperiment vise at
dette ønsket, lik alle andre ønsker, alltid er normalt
i individer som lever et naturlig liv.

Roten av livets tre. Seksualorganet – knute-
punktet for viktige nerveutløp, spesielt i det sym-
patetiske og i det spinale system (de viktigste ner-
ver i mageregionen) og som gjennom forbindelse
med hjernen er i stand til å aktivere hele systemet –
er på en måte roten av livets tre. Et menneske som
er godt trenet i riktig bruk av sex kan holde sitt le-
geme i god form og leve behagelig gjennom livet.

De praktiske sidene ved seksuell sunnhet blir
ikke lært, siden offentligheten anser emnet for
urent og upassende. Forblindet av dette, ser det ut
til at menneskene skjuler Naturen bak et slør fordi
den synes uren, men de glemmer at den alltid er
ren og at alt det urene og upassende ligger i men-

neskenes ideer og ikke i Naturen selv. Derfor er det klart at mennesket ikke kjenner sannheten og farene ved misbruk av seksualkraften. Det blir drevet gjennom feil praksis av nerveirritasjon som et resultat av unaturlig liv. Det vil lide av problematiske sykdommer og til slutt bli offer for en tidlig død.

Menneskenes bosted. Så gjelder det våre oppholdssteder. Vi kan lett forstå når vi føler ubehag ved å komme inn i et rom fullt av folk etter å ha pustet inn frisk luft på en fjelltopp eller på en eng eller i en hage, at omgivelsene i en by eller andre tett befolkede steder er unaturlige oppholdssteder. Den friske atmosfæren på et fjell, ute på en eng eller i en hage, eller i skyggen av et stort tre i åpent lende er passende oppholdssteder for mennesket i følge Naturen.

Selskapet vi bør velge. Endelig gjelder det hva slags selskap vi bør velge. Også her kan vi lytte til råd fra vår samvittighet og våre naturlige valg. Vi vil finne at vi foretrekker de personer som har en magnetisme som påvirker oss harmonisk, kjøler ned systemet, inspirerer oss til vitalitet og utvikler vår naturlige kjærlighet, som letter oss for bekymringer og gir oss fred. Dette vil tilsi at vi bør være i selskap med de som bringer *Sat* eller Frigjøring og unngå de som bringer *Asat,* som beskrevet tidligere. Ved å være i selskap med *Sat* (Frigjøreren) blir vi i stand til å nyte fullkommen sunnhet, fysisk og mentalt, og våre liv vil bli forlenget. Hvis vi på den annen side ikke adlyder advarslene fra Moder Natur, ikke hører på rådene fra vår rene samvittig-

het og holder oss i selskap med de som blir beteg-
net som *Asat,* vil en motsatt virkning føre til at vår
helse blir skadet og våre liv forkortet.

**Nødvendigheten av et naturlig levevis og ren-
het.** Et naturlig levevis er til hjelp for utøvelsen av
Yama, de asketiske forutsetninger som nevnt tidli-
gere. Renhet i sinn og legeme er også like viktige
for utøvelsen av *Niyama,* de asketiske overholdel-
ser som også er forklart. En bør sette alt inn på å
oppnå den renheten.

SUTRAS 12-18

ततः पाशक्षयः । १२ ।

घृणालज्जाभयशोकजुगुप्साजातिकुलमानाः पाशाष्टकम् । १३ ।

तदा चित्तस्य महत्त्वम् वीरत्वं वा । १४ ।

गार्हस्थ्याश्रमोपयोग्यासनप्राणायामप्रत्याहारसाधनेषु

योग्यता च । १५ ।

स्थिरसुखमासनम् । १६ ।

प्राणानां संयमः प्राणायामः । १७ ।

इन्द्रियाणामन्तर्मुखत्वं प्रत्याहारः । १८ ।

Etter dette vil det å være bundet opphøre.

De åtte bånd eller feller er hat, skam, frykt,
sorg, fordømmelse, rasefordom, familiestolthet og
selvgodhet.

Fjerning av de åtte bånd fører til hjertets
storsinn.

Slik blir en skikket til å utføre *Asana, Pranayama*
og *Pratyahara*; og til å gledes ved å leve et familieliv
(ved å oppfylle alle ønsker og så bli kvitt dem).

Asana betyr en fast og behagelig kroppsholdning.

Pranayama betyr kontroll over *prana*, livskraften.

Pratyahara betyr tilbaketrekning av sansene fra
ytre objekter.

De åtte hjertets småligheter. Når fasthet i moralsk
mot oppnås, fjernes alle hindringer på veien mot
frigjøring. Disse hindringer er av åtte slag – hat,
skam, frykt, sorg, fordømmelse, rasefordom, fami-
liestolthet og respektløshet – disse er de åtte små-
ligheter i menneskets hjerte.

Å vekke hjertets storsinn. Ved å fjerne disse åtte
hindringene utvikles *Viratwam* eller *Mahatwam*
(hjertets storsinn), og dette gjør mennesket skikket
til å praktisere *Asana* (å forbli i en fast og behage-
lig kroppsstilling), *Pranayama* (kontroll over *Prana*,
ikke viljestyrte nerve-elektrisiteter), og *Pratyahara*
(å vende de viljestyrte nervestrømmene innover).
Disse øvelser gjør mennesket i stand til å tilfreds-
stille hjertets ønsker ved å nyte sanseobjektene,
som ment for *Garhasthyasrama*, familielivet.

Verdien av *Pranayama*. Mennesket kan sette de vil-
jestyrte nervene i aksjon når det vil, og hvile dem
når de blir trette. Når alle de viljestyrte nervene øn-
sker hvile, sover mennesket naturlig. Ved hjelp av
denne søvnen blir disse nervene oppfrisket og de
kan operere igjen med full kraft. Menneskets ikke
viljestyrte nerver arbeider på den annen side uav-

hengig av menneskets vilje kontinuerlig fra fødselen av. Siden mennesket ikke har kontroll over de, har det ingen innflytelse på dem. Når disse nervene blir trette, vil de også hvile og faller naturlig i søvn. Denne søvnen kalles *Mahanidra,* den store søvn, eller død. Når dette finner sted, vil blodsirkulasjon, åndedrett og andre vitale funksjoner stoppe og det materielle legemet vil gradvis begynne å gå i oppløsning. Etter en tid, når den store søvn *Mahanidra* er over, vil mennesket våkne, med alle sine ønsker, og bli gjenfødt i et nytt fysisk legeme for å kunne oppfylle sine forskjellige lengsler. På denne måten binder mennesket seg til liv og død og feiler i å oppnå endelig frigjøring.

Kontroll over døden. Men dersom mennesket kan kontrollere disse ikke viljestyrte nervene ved hjelp av den tidligere nevnte *Pranayama,* kan det stoppe den naturlige nedbrytningen av det materielle legemet og la de ikke viljestyrte nervene (til hjerte, lunger og andre vitale organer) få periodisk hvile, slik det gjør med de viljestyrte nervene i søvnen. Etter en slik hvile blir de ikke viljestyrte nervene oppfrisket og kan arbeide med ny livsenergi.

Etter søvn trenger mennesket ingen hjelp til å våkne naturlig. Når mennesket har nytt en fullstendig hvile, våkner det naturlig til liv i et nytt legeme på jorden. Hvis mennesket kan "dø", det vil si bevisst sette hele sitt nervesystem, både det viljestyrte og det ikke viljestyrte til hvile hver dag gjennom utførelse av *Pranayama,* vil hele dets fysiske system arbeide med stor vitalitet.

Liv og død bringes under kontroll av den yogien som er utholdende i utførelsen av *Pranayama*. På den måten spares legemet fra for tidlig nedbrytning som inntreffer hos de fleste mennesker. Et slikt menneske kan forbli så lenge det ønsker i sin nåværende fysiske form. Slik får det tid til å arbeide ut dets karma i ett legeme og fullføre (og så bli kvitt) alle hjertets forskjellige ønsker. Endelig renset er det ikke lenger pålagt å komme tilbake til denne verden under innflytelse av *Maya*, Mørket, eller lide «den annen død» Se 1. Korinterne 15:31 og Joh. Åpenbaring 2: 10, 11.

> *"Ja brødre, så sant som det er dere jeg kan rose meg av i Kristus Jesus, vår Herre: Hver dag dør jeg" - Paulus.*

> *"Vær tro til døden, så skal jeg gi deg livets krone. . . . Den som seirer, skal ikke rammes av den annen død."*

Nødvendigheten av *Pratyahara*. Mennesket nyter en ting når det selv ønsker det. Men dersom det under nytelsen retter sine sanseorganer mot objektet for nytelse, kan det aldri bli tilfredsstilt, og dets begjær øker med dobbel styrke. I motsatt fall, hvis det kan rette sine sanseorganer innover mot sitt Selv, vil det tilfredsstille sitt hjerte øyeblikkelig. Så praktisering av den nevnte *Pratyahara* - å vende sine viljestyrte nervestrømmer innover - er en ønskelig måte å oppfylle dets verdslige ønsker på. Mennesket må reinkarnere igjen og igjen inntil alle lengsler er arbeidet ut og det er befridd for alle ønsker.

Nødvendigheten av *Asana*. Mennesket kan ikke føle eller ikke en gang tenke riktig når sinnet ikke

er i en behagelig tilstand. De forskjellige deler av
menneskelegemet er så harmonisk sammensatt at
hvis selv en liten del av det føler smerte, blir hele
systemet forstyrret. Så for å forstå en ting, det vil si
å føle noe klart med hjertet, er praktisering av den
før nevnte *Asana*, en fast og behagelig kroppsstil-
ling, nødvendig.

SUTRAS 19-22

चित्तप्रसादे सति सर्वभावोदयः स्मृतिः । १९ ।

तदेवार्थमात्रनिर्भासं स्वरूपशून्यमिव समाधिः । २० ।

ततः संयमस्तस्मात् ब्रह्मप्रकाशकप्रणवशब्दानुभवः । २१ ।

तस्मिन्नात्मनो योगो भक्तियोगस्तदा दिव्यत्वम् । २२ ।

Smriti, **sann oppfattelse, fører til kunnskap om
hele skapelsen.**

Samadhi, **sann konsentrasjon, gjør en i stand til å
oppgi individualitet til fordel for universalitet.**

Etter det oppstår *Samyama*, **("tilbakeholdelse"
eller overvinnelse av det egoistiske selv), der en erfa-
rer** *Aum* **vibrasjonen som åpenbarer Gud.**

Slik blir sjelen døpt i *Bhakti Yoga* **(hengivenhet).
Dette er Guddommelighetens tilstand.**

Smriti, **sann oppfattelse**. Når mennesket er erfa-
rent i de ovennevnte øvelser, blir det i stand til å
oppfatte eller føle alle ting i skapelsen i sitt hjerte.
Denne sanne oppfattelse kalles S*mriti*.

Samadhi, **sann konsentrasjon**. Når mennesket retter
sin oppmerksomhet fast på et objekt som oppfattes

slik, blir mennesket så identisk med det som om det var blottet for sin individuelle natur, og det oppnår tilstanden av *Samadhi* eller sann konsentrasjon. **Pranava Sabhda, Guds Ord**. Når mennesket retter alle sine sanseorganer mot deres felles senter, sensoriet eller *Sushumnadwara*, døren til den indre verden, ser det sitt Gudsendte lysende legeme *Radha* eller Døperen Johannes, og hører den spesielle "bankende lyd", *Pranava Sabhda*, Guds Ord. Se Johannes 1:6, 7, 23.

> *"En mann sto fram, utsendt av Gud, hans navn var Johannes."*
>
> *"Han kom for å vitne; han skulle vitne om lyset, så alle kunne komme til tro ved ham."*
>
> *"Jeg er en røst som roper i ødemarken."*

Samaya, selvets konsentrasjon. Når mennesket oppfatter dette, vil det naturlig tro på eksistensen av det sanne Åndelige Lys, trekke seg tilbake fra den ytre verden og konsentrere seg om sensoriet. Denne selvets konsentrasjon kalles *Samyama*.

Bhakti Yoga eller dåp, menneskets annen fødsel. Ved denne *Samyama* eller selvets konsentrasjon om sensoriet, blir mennesket døpt eller absorbert i den hellige strømmen av den Guddommelige Lyd. Denne dåp kalles *Bhakti Yoga*. I denne tilstanden føler mennesket anger, det vil si, det vender seg fra denne grove materielle skapelsen og stiger tilbake mot sin Guddommelighet, den Evige Far, som det er falt fra. Det passerer gjennom sensoriet, døren, og går inn i en indre sfære, *Bhuvarloka*. Denne inngangen til den indre verden er menneskets annen fødsel. I denne tilstanden blir mennesket en *Devata*, et guddommelig vesen.

SUTRA 23

मूढविक्षिप्तक्षिप्तैकाग्रनिरुद्धाश्चित्तभेदास्ततो
जात्यन्तरपरिणामः । २३ ।

Oversettelsen er lik de følgende kommentarer.

Menneskehjertets fem tilstander. Menneskehjertet har fem tilstander: Mørkt, strevende, stødig, hengivent og rent. Ved disse fem tilstander kan mennesket klassifiseres og utviklingsstatus bestemmes.

SUTRA 24

मूढचित्तस्य विपर्ययवृत्तिवशाद् जीवस्य शूद्रत्वम्, तदा ब्रह्मणः
कलामात्रेन्द्रियग्राह्यस्थूलविषयप्रकाशात् कलिः । २४ ।

I hjertets mørke tilstand, har mennesket misoppfatninger (om alle ting). Denne tilstanden er et resultat av *Avidya*, Uvitenhet, og den frambringer en *Sudra* (et menneske på det laveste stadium). Det kan bare fatte ideer om den fysiske verden. Denne sinnstilstanden er fremtredende i *Kali Yuga*, den Mørke Tidsalder i en syklus.

Det mørke hjerte. I hjertets mørke tilstand misoppfatter mennesket, det tror at denne grove materielle del av verden er den eneste som eksisterer, og at det ikke finnes noe annet. Dette er i motset-

ning til sannheten, slik tidligere beskrevet, og det
er en virkning av Uvitenhet, *Avidya.*

Sudra eller tjenerklasse. I denne tilstanden kalles
mennesket *Sudra,* eller tilhørende tjenerklassen, si-
den det naturlig plikter å tjene de høyere klasser av
mennesker for å leve i deres selskap og derved for-
berede hjertet på oppnåelsen av en høyere tilstand.

Kali Yuga, den mørke tidsalder. Denne menneskets
tilstand kalles *Kali;* og om et solsystem der men-
nesket for det meste befinner seg i denne tilstan-
den og vanligvis mangler evnen til å avansere ut-
over denne, sies det at systemet befinner seg i *Kali
Yuga,* den mørke tidsalder.

SUTRA 25, 26

ब्रह्मणः प्रथमपादपूर्णत्वे द्वितीयसूक्ष्मविषयज्ञानाप्राप्तसन्धिकाले

चित्तस्य विक्षेपस्तदा प्रमाणवृत्तिवशात् क्षत्रियत्वम् । २५ ।

ततः सद्गुरुलाभो भक्तियोगश्च तदालोकान्तरगमनम् । २६ ।

Når mennesket går videre fra det første trinn i
Brahmas (Skaperens) plan, strever det etter opplys-
ning og går naturlig inn i *Kshatriya* (kriger) stadiet.

Det drives (av evolusjonskrefter) til å streve (et-
ter sannheten). Det søker en *guru* og verdsetter gud-
dommelige råd. Slik blir en *Kshatriya* skikket til å bo
i verdener med høyere forståelse.

Det strevende hjerte. Når mennesket blir litt opp-
lyst, sammenlikner det sine erfaringer i forhold til
den materielle skapelsen samlet i sin våkne tilstand,

med erfaringer i drømme. Det forstår at de sist-
nevnte kun er ideer, og det begynner å tvile på den
substansielle eksistensen av de førstnevnte. Hjertet
blir da drevet til å lære mer om universets virkelige
natur. Det strever etter å komme til klarhet i sin tvil
og leter etter bevis for hva som er sannhet.

Kshatriya, den militære klasse. I denne tilstanden
kalles mennesket *Kshatriya*, eller av den militære
klasse. Å kjempe på den før beskrevne måte blir
menneskets naturlige plikt, som hjelper det til å få
innsikt i skapelsens natur og å oppnå sann kunn-
skap om den.

Sandisthala **– stedet mellom høyere og lavere.**
Denne *Kshatriya* tilstanden til mennesket kalles
Sandhisthala, stedet mellom høyere og lavere. Men-
nesket vil i denne tilstanden ivrig søke sann kunn-
skap og søke hjelp hos hverandre. Slik fremmes
den gjensidige kjærlighet i hjertet som er nødven-
dig for å oppnå frigjøring.

Motivert av denne kjærlighetens energiske tendens
søker mennesket selskap med de som avhjelper
vanskeligheter, fjerner tvil og gir det fred, og det
vil unngå alt som framkaller det motsatte. Det vil
også omhyggelig studere skriftene til de guddom-
melige personligheter.

Når mennesket finner *Sat-Guru*, **Frigjøreren.** På
denne måten blir mennesket i stand til å verdsette
hva sann tro er, og det forstår den virkelige posisjo-
nen til de guddommelige personligheter når det er
så heldig å sikre seg det Gudliknende selskap med
en av dem som i sin vennlighet vil stå som Ånde-

lige Veileder, *Sat-Guru* eller Frigjører. Når det hengivent følger de hellige påbud, lærer det å konsentrere sitt sinn og dirigere sanseorganene mot deres felles senter, *Sushumnadwara*, døren til den indre sfære. Der ser mennesket det lysende legemet til Døperen Johannes, eller *Radha*, og hører den hellige Lyd (Amen eller *Aum*), lik en strøm eller en elv. Mennesket blir da absorbert eller døpt i den og begynner å bevege seg tilbake mot sin Guddommelighet, den Evige Far, gjennom de forskjellige *Lokas* eller sfærer i skapelsen.

SUTRA 27

भूर्भुवःस्वर्महर्जनस्तपः सत्यमिति सप्त लोकाः । २७ ।

Skapelsens syv verdener eller *Lokas* er: *Bhu, Bhuvar, Swar, Mahar, Jana, Tapo* og *Satya*. (Denne jorden, og det "jordiske" nivå av menneskets bevissthet kalles *Bhuloka*.)

De syv *Lokas*. På veien mot Guddommelighet er det syv sfærer eller stadier i skapelsen, kalt *Swargas* eller *Lokas* av de orientalske vismenn, slik som beskrevet i kapittel 1:13. Disse er *Bhuloka*, sfæren av grov materie; *Bhuvarloka*, sfæren av fint stoff eller elektriske egenskaper; *Swarloka*, sfæren av magnetiske poler og auraer eller elektrisiteter; *Maharloka*, sfæren av magneter, atomene; *Janaloka*, sfæren av Åndelige Gjenspeilinger, Guds Sønner; *Tapoloka*, den Hellige Ånds sfære, den Universelle Ånd; og *Satyaloka*, Guds sfære, den Evige Substans,

Sat. De først tre av disse syv plan (*Bhuloka, Bhuvarloka* og *Swarloka*) danner den materielle skapelsen, Mørkets rike, *Maya,* og de siste tre (*Janaloka, Tapoloka* og *Satyaloka*) danner Lysets rike. *Maharloka,* eller Atomets sfære, som er i midten, sies å være "døren" som forbinder disse to – den materielle og den åndelige skapelsen – den kalles *Dasamadvara,* den tiende døren eller *Brahmarandhra,* veien til Guddommelighet.

SUTRA 28

भुवर्लोके ब्रह्मणः द्वितीयपादसूक्ष्मान्तर्जगत्प्रकाशाद् द्वापरः, जीवस्य
द्विजत्वञ्च, तदा चित्तस्य क्षिप्तत्वात्तस्य वृत्तिर्विकल्पः । २८ ।

Når mennesket går inn i *Bhuvarloka* ("luft" eller "den tilblivende verden") blir det en *Dvija* eller "to ganger født". Det forstår den andre del av den materielle verden – den av finere, mer subtile krefter. Denne tilstanden er fremtredende i Dwapara Yuga.

Dvija **eller to ganger født.** Når mennesket blir døpt, begynner å angre og å bevege seg tilbake mot den Evige Far, og det trekker sitt selv tilbake fra den grove materielle verden, *Bhuloka,* går det inn i verdenen av fint stoff, *Bhuvarloka.* Det sies da å tilhøre *Dvija* eller den to ganger fødte klasse. I denne tilstanden forstår det sine indre elektrisiteter, den andre fine materielle del av skapelsen. Det forstår at eksistensen av det ytre substansielt ikke er noe annet enn en sammensmeltning eller en forening mellom menneskets fine indre sanseobjekter (de negative elektriske attributter) og de fem sanseorganer (de positive attributter) gjennom de fem organer for handling (de nøytraliserende attributter), forårsaket av virksomheten av sinn og bevissthet.

Det stødige hjerte. Denne tilstanden hos mennesket er *Dwapara.* Når den blir naturlig dominerende i mennesker i et solsystem, blir hele systemet sagt å være i Dwapara Yuga. I denne *Dwapara* tilstanden blir hjertet stødig.

Hvis mennesket fortsetter i den døpte tilstanden og forblir fordypet i den hellige strøm, vil det gradvis komme til en behagelig tilstand der hjertet helt forlater ideene om den ytre verden og hengir seg til den indre verden.

SUTRA 29

स्वर्गे चित्तस्यैकाग्रतया वृत्तिः स्मृतिस्ततः

ब्रह्मणस्तृतीयपादजगत्कारणप्रकृतिज्ञानवशात्

त्रेता, तदा विप्रत्वं जीवस्य । २९ ।

I *Swarloka* **("himmelen") er mennesket skikket til å forstå mysteriene i** *Chitta,* **den magnetiske tredje delen av den materielle skapelse. Det blir da en** *Vipra* **(et nesten fullkomment vesen). Denne tilstanden er fremtredende i Treta Yuga.**

Det hengivne hjerte. I denne hengivne tilstanden trekker mennesket sitt selv tilbake fra *Bhuvarloka,* verdenen av elektriske attributter. Det kommer til *Swarloka,* verdenen av magnetiske attributter, elek-

trisiteter og poler. Det blir da i stand til å forstå
Chitta, den magnetiske tredje del av skapelsen.
Denne *Chitta,* som er forklart i kapittel 1, er det ån-
deliggjorte Atomet, *Avidya* eller Uvitenhet, en del
av Mørket, *Maya.* Når mennesket forstår *Chitta,* blir
det i stand til å forstå hele Mørket, selve *Maya,* som
Chitta er en del av, så vel som hele skapelsen. Men-
nesket sies da å tilhøre *Vipra,* eller den nesten full-
komne klasse. Denne menneskets tilstand kalles
Treta. Når dette naturlig blir den generelle tilstan-
den til mennesket i et solsystem, sies hele systemet
å være i Treta Yuga.

SUTRA 30

महर्लोके चित्तस्य निरुद्धत्वात्तस्य वृत्तिर्निद्रा

ततः सर्वविकाराभावे ब्रह्मवत् स्वात्मानुभवात्

ब्रह्मणत्वन्तदाब्रह्मणस्तुरीयांशसत्पदार्थप्रकाशात् सत्यम् । ३० ।

**Gjennom sann anger når mennesket *Maharloka*,
(den "store verden"). Det er ikke lenger under innfly-
telse av uvitenhet, *Maya*, og det oppnår et rent hjerte.
Det går naturlig inn i stadiet av *Brahmanas* ("de som
kjenner Brahma"). Denne tilstanden er fremtredende
i Satya Yuga.**

Det rene hjerte. Idet mennesket fortsetter mot
Gud, løfter det sitt selv opp til *Maharloka,* den mag-
netiske regionen, Atomet. Da vil all utvikling av
Uvitenhet trekkes tilbake, hjertet kommer inn i en
ren tilstand, tomt for alle ytre ideer. Mennesket blir
da i stand til å forstå det Åndelige Lys, Brahma,

universets Sanne Substans, som er den siste og evig-
varende åndelige del i skapelsen. På dette nivået
kalles mennesket *Brahmana* eller av den åndelige
klasse. Denne menneskets tilstand kalles *Satya,* og
når dette naturlig blir tilstanden til mennesket i et
solsystem, sies hele systemet å være i Satya Yuga.

SUTRAS 31, 32

तदपि संन्यासान् मायातीतजनलोकस्थे मुक्तसंन्यासी

ततः चैतन्यप्रकटिततपोलोके आत्मनोऽर्पणात् सत्यलोकस्थे

कैवल्यम् । ३१-३२ ।

**Når mennesket ikke bare reflekterer, men mani-
festerer det Åndelige Lys, heves det til** *Janaloka,* **Guds
Rike.**

Så går det inn i *Tapoloka,* **sfæren til** *Kutastha
Chaitanya.*

**Idet mennesket forlater den fruktesløse idé om
sin separate eksistens, går det inn i** *Satyaloka,* **der det
oppnår den endelige frigjørende tilstand,** *Kaivalya,*
enhet med Ånden.

Når hjertet blir renset, ikke bare reflekterer det
lenger, men manifesterer det Åndelige Lys, Guds
Sønn. Slik helliggjort av Ånden blir det Kristus, Frel-
seren. Dette er den eneste veien mennesket, ved å
bli døpt på nytt eller absorbert i Ånden, kan heves
opp over skapelsen av Mørke og gå inn i *Janaloka,*
Guds Rike, det vil si i skapelsen av Lys. I denne til-
standen kalles mennesket *Jivanmukta Sannyasi,* lik
Herren Jesus fra Nasaret. Se Johannes 3:5 og 14:6.

"Sannelig, sannelig sier jeg dere, uten at mennesket blir født av vann og ånd, kan det ikke komme inn i Guds Rike."

"Jesus sa til ham, jeg er veien, sannheten og livet; ingen kommer til Faderen uten ved meg."

I denne tilstanden forstår mennesket seg selv kun som en forbigående idé som hviler i et fragment av den universelle Hellige Ånd, den Evige Far. Det forstår da den sanne tilbedelse og ofrer seg selv der i den Hellige Ånd, Guds alter. Det vil si at det forlater den fruktesløse idé om sin separate eksistens, "dør" eller oppløses i den universelle Hellige Ånd. Mennesket når derved *Tapoloka*, området til den Hellige Ånd.

På denne måten blir mennesket ett og det samme som den universelle Hellige Ånd, det blir forenet med den Evige Far og kommer slik til *Satyaloka*, hvor det forstår at hele denne skapelsen substansielt ikke er noe annet enn et idéspill i ens egen natur, og at intet eksisterer i universet uten ens eget Selv. Denne tilstanden av forening kalles *Kaivalya*, det Ene Selv. Se Joh. Åpenbaring 14:13 og Johannes 16:28.

"Salige er de døde som dør i Herren, fra nå av. Ja, sier Ånden, de skal få hvile fra sitt strev, for deres gjerninger følger dem."

"Jeg er utgått fra Faderen og kommet til verden. Jeg forlater igjen verden og går til Faderen."

KAPITTEL 4

विभूतिः ÅPENBARINGEN

SUTRAS 1-3

सहजद्रव्यतपोमन्त्रैः देहत्रयशुद्धिस्ततः सिद्धिः । १ ।

सद्गुरुकृपया सा लभ्या । २ ।

सहजद्रव्येण स्थूलस्य तपसा सूक्ष्मस्य मन्त्रेण

कारणदेहचित्तस्य च शुद्धिः । ३ ।

Fullkommenhet oppnås gjennom renselse av menneskets tre legemer. Den kan også oppnås ved guruens nåde.

Renselse finner sted gjennom Naturen, bot-søving og *mantras*.

Gjennom Naturen kommer renselse av tett materie (det fysiske legeme); gjennom botsøving, renselse av fint stoff (det subtile legeme); gjennom *mantras*, sinnets renselse.

Fullkommenhet er oppnåelig gjennom renselse av legemet på alle områder. Renselse av det materielle legemet kan bli påvirket av ting som oppstår i det gjennom Naturen; av det elektriske legemet gjennom tålmodighet i alle situasjoner; og det magnetiske legemet (चित्त *chitta*, åndeliggjort Atom, Hjertet) gjennom regulering av åndedrettet, som kalles *mantra*, sinnets renser (मनः त्रायत इति मन्त्रः). Prosessen disse renselsene kan bli virksomme ved, kan bli lært ved føttene til de guddommelige personligheter, som vitner om Lyset og bærer bud om Kristus-bevisstheten.

SUTRAS 4, 5

साधनप्रभावेण प्रणवशब्दाविर्भावस्तदेव मन्त्रचैतन्यम् । ४ ।

देशभेदे तस्य भेदात् मन्त्रभेदः साधकेषु । ५ ।

Gjennom den hellige virkningen av *mantra*, blir *Pranava* eller *Aum* lyden hørbar.

Den hellige lyd blir hørt på forskjellige måter, alt etter den hengivnes utviklingsnivå (i renselsen av sitt hjerte).

Ved kultivering av åndedrettsregulering som foreskrevet av den Åndelige Veileder (*Sat-Guru*), vil det hellige Ord, (प्रणव, शब्द *Pranava* eller *Sabda*) spontant framkomme og bli hørbart. Når dette *mantra* (Ord, *Pranava*) framkommer, blir åndedrettet regulert og degenereringen av legemet stoppes.

Dette *Pranava* framkommer i varierende former på forskjellige utviklingstrinn, i henhold til renselsen av hjertet (*Chitta*).

SUTRA 6

श्रद्धायुक्तस्य सद्गुरुलाभस्ततः प्रवृत्तिस्तदैव

प्रवर्त्तकावस्था जीवस्य । ६ ।

Den som kultiverer hjertets naturlige kjærlighet, oppnår en gurus ledelse og begynner sin *sadhana* (vei i åndelige disiplin). Han blir en *Pravartaka*, en innvidd.

Hva en *Sat-Guru* er, og hvordan leve i selskap

med en slik, har alt blitt forklart. Når mennesket er velsignet med den himmelske gave av ren kjærlighet, vil det naturlig avholde seg fra selskap med det som er *Asat* og omgås det som er beskrevet som *Sat*. Ved å omgås *Sat* med hengivenhet, kan mennesket være så heldig å behage en som i sin vennlighet vil stå for det som sin *Sat-Guru* eller Åndelige Veileder. Ved å holde seg i sin veileders guddommelige selskap, vokser det fram en dreining i menneskets hjerte, *Pravritti*, mot ønsket om å frigjøre seg fra skapelsen av mørke, *Maya*, og det blir *Pravartaka*, en innvidd i praktiseringen av *Yama* og *Niyama*, de asketiske forutsetninger for å oppnå frigjøring.

SUTRA 7

यमनियमसाधनेन पशुत्वनाशस्ततः वीरत्वमासनादिसाधने

योग्यता च तदैव साधकावस्था प्रवर्त्तकस्य । ७ ।

Ved å praktisere *Yama* og *Niyama*, vil de åtte hjertets småligheter forsvinne og dyd oppstå. Mennesket blir derved en *Sadhaka*, en sann disippel, skikket til å oppnå frigjøring.

Som beskrevet i kapittel 3, vil de åtte småligheter forsvinne fra menneskehjertet og storsinn komme inn gjennom kultivering av *Yama* og *Niyama*. På dette stadiet er mennesket skikket for asketisk holdning og andre prosesser utpekt av sin *Sat-Guru* for å oppnå frigjøring. Når det fortsetter å utføre disse prosessene, blir det en *Sadhaka* eller disippel.

SUTRA 8

ततः भावोदयात् दिव्यत्वं तस्मिन् समाहिते दैववाणी

प्रणवानुभवस्तदैव सिद्धावस्था साधकस्य । ८ ।

Det gjør fremskritt i åndelighet, hører den hellige *Aum* lyd og blir en *Siddha*, en guddommelig personlighet.

Med referanse til kapittel 3 vil det gå frem hvordan en disippel, som gjennomgår de forskjellige trinn, blir i stand til å fatte de forskjellige skapelsens objekter i sitt hjerte. Videre hvordan mennesket gradvis avanserer gjennom meditasjonens trinn, og hvordan det til slutt, ved å konsentrere hele sin oppmerksomhet om sensoriet, hører den spesielle lyd, *Pranava* eller *Sabda*, det hellige Ord. Ved dette blir hjertet guddommelig og Egoet, *Ahamkara*, eller menneskesønnen, går opp i og blir døpt i strømmen fra dette. Disippelen blir *Siddha*, en mester, en guddommelig personlighet.

SUTRA 9

ततुसंयमात् सप्तपातालदर्शनम् ऋषिसप्तकस्य चाविर्भावः । ९ ।

Mennesket oppfatter da Åndens manifestasjoner, passerer gjennom de syv *Patala Lokas* (eller ryggradssentre) og ser de syv *rishis*.

I denne tilstanden av dåp (*Bhakti Yoga*, eller *Surat Sabda Yoga*, absorpsjon av Egoet i den hellige Lyd) vender mennesket om og trekker sitt selv fra den ytre verden av grov materie, *Bhuloka*, og går inn i den indre av finere materie, *Bhuvarloka*. Der oppfatter det Åndens manifestasjon, det sanne Lys, lik syv stjerner i syv sentre eller astralt skinnende steder, som er sammenlignet med syv gylne lysestaker. Disse stjernene, som er manifestasjoner av det sanne Lys, Ånden, kalles engler eller *rishis*. De kommer til syne én etter én i menneskesønnens høyre hånd, det vil si, i hans rette vei til Guddommelighet.

De syv gylne lysestaker er de syv skinnende steder i legemet, kjent som hjerne, *sahasrara*; medulla oblongata, *ajna chakra;* og fem ryggradsentre – hals, *vishuddha;* rygg, *anahata;* lende, *manipura;* bekken, *swadhishthana;* og sete, *muladhara*, hvor Ånden blir manifestert. Egoet eller menneskesønnen passerer gjennom disse syv sentra eller kirker på vei til Guddommelighet. Se Joh. Åpenbaring 1:12, 13,16, 20 og 2:1.

> *"Jeg vendte meg for å se ham som talte til meg. Da så jeg syv lysestaker av gull, og midt mellom lysestakene en som var lik en menneskesønn. . . . I sin høyre hånd holdt han syv stjerner."*

> *"Og dette er hemmeligheten med de syv stjerner som du så i min høyre hånd, og de syv lysestaker av gull: De syv stjerner er englene for de syv menigheter, og de syv lysestaker er de syv kirker."*

> *"Dette sier han som holder de syv lysestaker i sin høyre hånd, han som går omkring blant de syv lysestaker av gull."*

I denne tilstanden av dåp *(Bhakti Yoga* eller *Surat Sabda Yoga)* passerer gradvis Egoet, *Surat*, menneskesønnen, gjennom de syv nevnte steder, oppnår kunnskap om dem, og når det slik fullender reisen gjennom alle disse regioner, forstår det universets sanne natur. Mennesket trekker sitt selv tilbake fra *Bhuvarloka*, den finere materielle skapelse, og går inn i *Swarloka*, kilden til alt stoff, både fint og grovt. Der ser det den lysende astrale formen rundt sitt Hjerte, Atomet, Skaperåndens trone, bestående av fem elektrisiteter og to poler, Sinn og Intelligens, med syv forskjellige farger som i regnbuen. I denne elektriske sfæren av sinn og intelligens, alle sanseobjekter og nytelsesorganers kilde, blir mennesket fullstendig tilfredsstilt ved å være i besittelse av alle sine ønskers objekter, og det oppnår en fullkommen kunnskap om dem. Den før nevnte astrale form med elektrisiteter og poler i syv deler, er blitt beskrevet som et forseglet skrin av kunnskap, en bok med syv segl. Se Joh. Åpenbaring 4:3 og 5:1.

"Og tronen var omgitt av en regnbue."

"Og jeg så at han som satt på tronen hadde en bok i sin høyre hånd. Det var skrevet både inne i den og utenpå, og den var forseglet med syv segl."

SUTRA 10

तदा ज्ञानशक्तियोगक्रमात्

सप्तस्वर्गाधिकारस्ततश्चतुर्मनूनामाविर्भावः । १० ।

Gjennom yoga kunnskap og kraft vinner mennesket herredømme over de syv *Swargas* (himler). Det oppnår frigjøring ved å oppløse de fire opprinnelige ideer (de "fire *manus*" eller første tanker skapelsen oppsto ved).

Når menneskesønnen passerer gjennom *Swarloka*, kommer han til *Maharloka*, magnetens sted (Atomet), med ideene av Ord, Tid, Rom og Partikkel (Atom) som de fire komponenter. Som nevnt i kapittel 1, representerer denne *Maharloka Avidya*, Uvitenhet, som fremkaller ideen om selvets separate eksistens og som er kilden til Egoet, menneskesønnen. Slik er mennesket (मानव, *manava*), resultatet av Uvitenhet, og Uvitenhet representert ved de fire før nevnte ideer, kalt de fire *manus* मनु + ष्ण = मानव, opprinnelsen eller kilden til mennesket.

SUTRA 11

ततः भूतजयादणिमाद्यैश्वर्यस्याविर्भावः । ११ ।

Mennesket seirer slik over Mørkets og Uvitenhetens krefter, og blir ett med Gud.

Maharloka, Magnetens sted (Atomet) er *Brahmarandra* eller *Dasamadwara*, døren mellom to skapelser, materiell og åndelig. Når Egoet, menneskesønnen, kommer til døren, vil det forstå det Åndelige Lys og bli døpt i det. Og når det passerer gjennom denne døren, stiger det over den idemessige skapelse av Mørke, *Maya*. Det kommer inn i den åndelige verden, mottar det sanne Lys og blir Guds Sønn. Som Guds Sønn overkommer mennesket alle Mørkets, *Mayas* bånd og blir i besittelse av alle *aiswaryas*, de storslagne egenskaper. Disse *aiswaryas* er av åtte slag:

Anima, kraften til å gjøre sitt legeme eller andre gjenstander så lite det vil, til og med så lite som et atom, *anu*.

Mahima, kraften til å gjøre sitt legeme eller andre gjenstander *mahat*, så stort det vil.

Laghima, kraften til å gjøre sitt legeme eller andre gjenstander *laghu*, så lett det vil.

Garima, kraften til å gjøre sitt legeme eller andre gjenstander *guru*, så tungt det vil.

Prapti, kraften til *apti*, å oppnå alt det ønsker.

Vasitwa, kraften til *vasa*, å bringe alt under sin kontroll.

Prakamya, kraften til å tilfredsstille alle begjær, *kama*, ved uimotståelig viljekraft.

Isitwa, kraften til å bli *Isa*, Herre over alle ting. Se Johannes 14,12:

> *"Sannelig, sannelig sier jeg dere: Den som tror på meg, skal også gjøre de gjerninger jeg gjør. Ja, han skal gjøre større gjerninger enn dem, for nå går jeg til Faderen."*

SUTRA 12

ततः सृष्टिस्थितिप्रलयज्ञानात् सर्वनिवृत्तिः ।

तदा मायातिक्रमे आत्मनः परमात्मनि दर्शनात् कैवल्यम् । १२ ।

Kunnskap om evolusjon, liv og oppløsning leder slik til fullkommen frigjøring fra *Mayas* bånd av illusjon. Mennesket vinner evig frihet når det ser selvet i det Høyeste Selv.

I besittelse av de ovenfor nevnte storslagne egenskaper, *aiswaryas,* forstår mennesket fullt ut den Evige Ånd, Faderen, den eneste Sanne Substans, som Enhet, det Fullkomne Hele, og sitt Selv som intet annet enn en idé som hviler på et fragment av det Åndelige Lys. Når mennesket forstår dette, forlater det den fruktesløse idé om sitt eget Selvs separate eksistens og blir forenet med Ham, den Evige Ånd, Gud Faderen. Denne forening med Gud er *Kaivalaya,* menneskets høyeste mål, som forklart i denne beskrivelse. Se Joh. Åpenbaring 3:21.

"Den som seirer, ham vil jeg la sitte sammen med meg på min trone, likesom jeg har seiret, og satt meg med min Fader på hans trone."

KONKLUSJON

"Love rules the court, the camp, the grove,
The men below and saints above;
For love is heaven and heaven is love. "

Kjærlighetens kraft har blitt vakkert beskrevet av dikteren i strofen sitert ovenfor.[1] Det har blitt tydelig vist i de foregående kapitler at "Kjærlighet er Gud", ikke bare i de edleste stemninger hos en dikter, men som en aforisme av evig sannhet. Hvilken religiøs trosretning mennesket enn måtte tilhøre og hvilken posisjon i samfunnet det enn måtte ha, dersom det klokt kultiverer dette styrende prinsipp som er naturlig innplantet i hjertet, vil det med sikkerhet være på den rette vei mot å redde seg fra å vandre i denne skapelse av Mørke, *Maya.*

Det har blitt vist på de foregående sider hvordan kjærlighet kan bli kultivert, og hvordan den i kraft av sin natur kan utvikles. Og når den er utviklet, hvordan mennesket ved hjelp av den alene kan finne sin Åndelige Veileder og med hjelp fra denne igjen bli døpt i den hellige strøm. Det ofrer sitt Selv foran Guds alter og blir forenet med den Evige Far for evig og alltid. Denne lille boken avsluttes derfor med en innstendig oppfordring til le-

---

[1] Strofe 2 i tredje sang av *The Lay of the Last Minstrel,* av Sir Walter Scott.

seren om aldri å glemme livets store mål. Sagt med den opplyste vismann Shankaracharyas ord:

"नलिनीदलगतजलमतितरलं तद्वज्जीवनमतिशयचपलम् ।

क्षणमिह सज्जनसंगतिरेका भवति भवार्णवतरणे नौका ॥"

["Livet er alltid ustabilt, lik en vanndråpe på et lotusblad. Selskapet med en guddommelig personlighet, selv kun for et øyeblikk, kan redde og frigjøre oss."]

Om forfatteren

Swami Sri Yukteswar, som er et ideelt eksempel på Indias gamle arv av opplyste *rishis*, er æret som en Jnanavatar ("visdoms-inkarnasjon") av mennesker over hele verden som har blitt inspirert av hans liv og lære. Han manifesterte selvmestring og guddommelig oppnåelse som har vært det høyeste mål av Sannhetssøkere gjennom tidene.

Hans tidlige liv

Født Priya Nath Karar i Serampore (nært Calcutta) i 1885, var Swami Sri Yukteswar den eneste sønn av Kshetranath og Kadambini Karar. Hans far, Kshetranath, var en velstående forretningsmann og familien eide mange store eiendommer i området.

Allerede da han var en gutt, var unge Priyas skarpe intellekt og tørst etter kunnskap åpenbar. Som det imidlertid ofte er tilfelle med store tenkere, fant han at formell utdanning var mer en hindring enn en hjelp. Hans akademiske utdannelse var derfor ikke omfattende.

Kshetranath Karar døde da hans sønn fremdeles var en gutt. Derfor måtte Priya Nath, i en meget ung alder, påta seg ansvaret for å bestyre familiens eiendommer. I tidlig manndom ble han gift, men hans kone døde bare få år senere. Deres eneste barn, en datter, døde som ung kvinne kort tid etter hennes ekteskap.

Priya Naths søken etter Sannheten førte ham til den store mester Lahiri Mahasaya fra Banaras, som priset den hellige Kriya Yoga-vitenskap som den mest effektive måte å oppnå Guds-erkjennelse på, og som var den første til åpenlyst å lære bort den eldgamle vitenskap i moderne tid. Gjennom Lahiri Mahasayas veiledning og gjennom sin egen praktisering av Kriya, oppnådde Sri Yukteswar den høyeste åndelige tilstand, som han beskriver i *Den Hellige Vitenskap*, "[man] forlater helt den nytteløse ide om separat eksistens av sitt eget Selv og blir forenet med Ham, den Evige Ånd,

Gud Faderen. Denne forening med Gud er *Kaivalya*, menneskets endelige mål."

Den Hellige Vitenskap blir til

Sri Yukteswar innså at en syntese av Østens åndelige arv og Vestens vitenskap og teknologi, ville bety mye for å lindre den materielle, psykologiske og åndelige lidelse i den moderne verden. Han var overbevist om at enorme fremskritt kunne oppnås, både individuelt og internasjonalt, gjennom en utveksling av de fineste trekk fra hver kultur. Disse ideene antok fastere form gjennom hans utrolige møte i 1894 med Mahavatar Babaji, Lahiri Mahasayas guru. Sri Yukteswar fortalte historien om det minneverdige møte som følger:[1]

"Velkommen, Swamiji," sa Babaji kjærlig.

"Sir," svarte jeg ettertrykkelig; "Jeg er *ikke* en swami."

"De som jeg er guddommelig ledet til å gi tittelen *swami*, gir den aldri fra seg." Helgenen tiltalte meg enkelt, men en dyp overbevisning klang i hans ord. Jeg ble øyeblikkelig omsluttet av en åndelig velsignelse. I det jeg smilte av min plutselige forfremmelse til den gamle munkeordenen,[2] bøyde jeg meg for føttene til det opplagt store og engleaktige vesen i menneskelig skikkelse som hadde æret meg på denne måten....

"Jeg ser at du er interessert i Vesten så vel som i Østen." Babajis ansikt strålte av anerkjennelse. "Jeg følte ditt hjertes kval som er stort nok for alle mennesker. Det er grunnen til at jeg kalte deg hit.

"Østen og Vesten må etablere en gylden middelvei hvor aktivitet og åndelighet kombineres," fortsatte han. "India har mye å lære fra Vesten om materiell utvikling. Til gjen-

---

[1] Fortalt av Paramahansa Yogananda i hans *En Yogis Selvbiografi*, kapittel 36.

[2] Sri Yukteswar ble senere formelt innviet i Swamiordenen av *Mahat'en* (klosterets overhode) av Buddh Gaya i Bihar. Det var da først at han antok munkenavnet Swami Sri Yukteswar ("forenet med Gud") i stedet for sitt familienavn.

gjeld kan India formidle de universelle metoder hvor Vesten vil bli i stand til å basere sin religiøse tro på det urokkelige grunnlag av yogisk vitenskap.

"Du, Swamiji, har en rolle å spille i den kommende harmoniske utveksling mellom Orienten og Oksidenten. Om noen år skal jeg sende deg en disippel som du kan trene opp for yogaens utbredelse i Vesten. Vibrasjoner der fra mange åndelig søkende sjeler kommer over meg som en flodbølge. Jeg fornemmer potensielle helgener i Amerika og Europa som venter på å bli vekket....

"Vil du ikke på min oppfordring, Swamiji, skrive en kort bok om den underliggende harmoni mellom de kristne skriftene og hinduskriftene? Deres grunnleggende enhet er nå forkludret av menneskenes sekteriske forskjeller. Vis gjennom parallelle henvisninger at de inspirerte Guds sønner har talt de samme sannheter."

Da Sri Yukteswarji vendte tilbake til Serampore, påbegynte han sitt litterære arbeid. "I nattens stillhet ble jeg travelt opptatt med å sammenligne Bibelen med skriftene innen *Sanatana Dharma*,"[3] fortalte han senere.

"I det jeg siterte ordene til den velsignede Herren Jesus, påviste jeg at hans lære i sitt vesen er ett med Vedaenes åpenbaringer. Ved min *paramgurus*[4] nåde ble min bok, *The Holy Science*, ferdig i løpet av kort tid."

Hans opplæring av disipler

Etter noen år begynte Swami Sri Yukteswar å motta disipler for åndelig opplæring. Hans familiehjem i Serampore ble til hans eremitasje. Senere bygde han ytterligere en eremitasje ved sjøen i Puri, som ligger trehundre engelske mil sør for Calcutta.

Det var i 1910 at Sri Yukteswar møtte disippelen som Babaji hadde lovet å sende ham for yogaens utbredelse i Ves-

---

[3] Bokstavelig "den evige religion," som er betegnelsen for mengden av de vediske skrifter som danner grunnlaget for Hinduismen.

[4] Ens gurus guru. I dette tilfelle Mahavatar Babaji.

ten, Mukunda Lal Ghosh, han som Sri Yukteswar senere ga munkenavnet Paramahansa Yogananda. I *En Yogis Selvbiografi* beskrev Paramahansa Yogananda, i detalj, sine mange år med åndelig disiplin under Swami Sri Yukteswar, noe som gir oss et fascinerende portrett av hans guru og hvor den følgende sammensetning av korte utdrag er hentet fra:

"Det daglige liv i eremitasjen fløt jevnt og trutt med sjeldne endringer i rutinene. Min guru våknet før daggry. Liggende eller noen ganger sittende på sengen, gikk han inn i en tilstand av *samadhi*....[5]

"Det fulgte ikke frokost. Først kom en lang fottur langs Ganges. Hvor levende og virkelig huskes ikke disse morgenturene med min guru! I min erindring finner jeg meg ofte ved hans side: Den grytidlige solen som varmer elven, hans stemme som klinger, rik på visdommens ekthet.

"Et bad, deretter middagsmat. Dens omhyggelige tilberedning var de unge disiplenes oppgave, i overensstemmelse med Mesters daglige instruksjoner. Min guru var vegetarianer. Før han sluttet seg til munkeordenen, hadde han imidlertid spist egg og fisk. Hans råd til studenter var å følge hvilken som helst enkel diett som passet ens konstitusjon.

"Besøkende kom gjerne om ettermiddagene og strømmet inn fra verden utenfor til eremitasjens ro.

"Min guru behandlet alle gjestene med høflighet og vennlighet. En mester – en som har erkjent seg selv som den allestedsnærværende sjel, og ikke legemet eller egoet – ser i alle mennesker en slående likhet."

"Aftensmaten var klokken åtte og noen av gjestene ble igjen. Min guru trakk seg ikke tilbake for å spise alene og ingen forlot eremitasjen sulten eller utilfreds. Sri Yukteswar var aldri rådvill, aldri bekymret over uventede besøk. Gjennom hans rådsnare instruksjoner til disiplene, kunne et lite matforråd forvandle seg til en bankett. Likevel var han øko-

---

[5] *Samadhi* (bokstavelig "å føre sammen") er en lykksalig overbevisst tilstand hvor yogien erkjenner identiteten av den individualiserte sjel med den Kosmiske Ånd.

nomisk og hans beskjedne midler rakk langt. 'Ha det beha-
gelig innen din pengepungs evner. Ekstravaganse vil gi deg
ubehag.' Hva enten det gjaldt eremitasjens underhold, byg-
nings- og reparasjonsarbeid eller andre praktiske anliggen-
der, utviste Mester en skapende ånds originalitet.

"De rolige kveldstimene førte ofte til samtaler med
min guru - tidløse skatter! Enhver av hans uttalelser var
meislet i visdom. Hans uttrykksmåte var preget av sublim
selvtillit som var enestående. Han talte som ingen annen
jeg tidligere har hørt. Hans tanker ble veid på en fintfø-
lende kritisk vekt før han iførte dem talens ytre drakt. Sann-
hetens vesen, som er altgjennomtrengende og endog med
et fysiologisk aspekt, utgikk som en velluktende sjelens ut-
sondring fra ham. Jeg var meg alltid bevisst at jeg var i nær-
været av en levende manifestasjon av Gud. Vekten av hans
guddommelighet bøyde automatisk mitt hode for ham."

"Bortsett fra de hellige skrifter, leste Sri Yukteswar me-
get sjelden. Allikevel var han alltid fortrolig med de seneste
vitenskapelige oppdagelser og andre kunnskapsmessige
fremskritt. Han hadde et strålende konversasjonstalent og
nøt meningsutvekslinger om utallige emner med sine gjes-
ter. Min gurus vidd og muntre latter opplivet enhver disku-
sjon. Selv om han ofte var alvorlig, var han aldri dyster. 'For
å søke Herren behøver ikke mennesket "å gjøre sitt ansikt
ugjenkjennelig," sa han idet han siterte Bibelen.[6] 'Husk at
når man finner Gud, begraves alle sorger.'

"Blant de filosofer, professorer, advokater og viten-
skapsmenn som besøkte eremitasjen, var det mange som
kom på deres første visitt med forventning om å møte en
ortodoks religiøs. Til tider avslørte et overlegent smil el-
ler et blikk av fornøyd overbærenhet, at de nyankomne
ikke ventet noe annet enn et par fromme banaliteter. Men
når de hadde talt med Sri Yukteswar og oppdaget at han
hadde nøye innsikt i deres kunnskapsområder, reiste gjes-
tene motvillige derfra."

---

[6] Matteus 6:16.

"Mester talte mange doktorer blant sine disipler. 'De som har studert fysiologi burde gå videre og utforske sjelens vitenskap, ' fortalte han dem. 'En subtil åndelig struktur er skjult like bak den legemlige mekanismen.'"

"'Hele skapelsen er styrt av lover,' sa han. 'Prinsippene som styrer det ytre univers og som lar seg oppdage av vitenskapen, kalles naturlover. Men det finnes dypere lover som regulerer de skjulte åndelige plan og bevissthetens indre sfære. Disse prinsippene kan en lære å kjenne gjennom yogavitenskapen. Det er ikke fysikeren, men den Selv-realiserte mester som virkelig forstår materiens sanne natur. Ved slik kunnskap var Kristus i stand til å helbrede tjenerens øre som en av disiplene hadde hugget av."

"Mester fortolket den kristne Bibel med en fortreffelig klarhet. Det var hos min hindu guru, som er ukjent på de kristne kirkesamfunns navnelister, at jeg lærte å forstå Bibelens udødelige vesen....Jeg hadde aldri hørt noen andre i Østen eller Vesten fortolke de kristne skrifter med slik dyp åndelig innsikt som Sri Yukteswar."

"Sri Yukteswar tilrådet sine studenter å representere levende forbindelser mellom Vestens og Østens dyder. Han selv var en handlekraftig Vestens mann i sine ytre vaner, mens innvendig var han en åndelig orientaler. Han roste Vestens progressive, oppfinnsomme og hygieniske metoder og de religiøse idealer som har gitt Østen dens århundrer lange glorie."

"Sri Yukteswar var reservert og saklig i sin opptreden. Det var ikke noe av den vage og enfoldige visjonære ved han. Han sto med begge ben på jorden, men hans hode var i himmelens havn. Praktiske mennesker vekket hans beundring. 'Hellighet er ikke dumhet! Guddommelig oppfattelse fører ikke til udugelighet!' pleide han å si. 'Dydens aktive uttrykk utvikler den skarpeste intelligens.'"

"Sri Yukteswars intuisjon var gjennomtrengende. Han svarte ofte på ens uuttalte tanker uten å bry seg om hva man sa.... Den guddommelige innsikts åpenbaringer er ofte ubehagelig for verdslige ører. Mester var ikke popu-

lær hos overfladiske studenter, men de kloke, som alltid var
få i antall, æret ham dypt. Jeg tør påstå at han ville ha vært
Indias mest etterspurte guru hadde ikke hans tale vært så
oppriktig...."
Det var forunderlig å observere at en mester med en
slik fyrig vilje kunne være så rolig i sitt indre. Han svarte
til den vediske definisjon av en Guds mann: 'Mykere enn
blomsten hvor det gjelder vennlighet; sterkere enn torde-
nen når prinsipper står på spill.'"

"Jeg reflekterte ofte over min majestetiske mester lett
kunne ha vært keiser eller en kriger som rystet verden,
hvis hans sinn hadde vært konsentrert om berømmelse el-
ler verdslige oppnåelser. I stedet hadde han valgt å storme
de indre festninger av vrede og egoisme, hvis fall er men-
neskets høydepunkt."

I 1920 sendte Sri Yukteswar Paramahansa Yogananda
til Amerika for å gjennomføre oppdraget som Mahava-
tar Babaji hadde nevnt mange år tidligere – å gjøre kunn-
skapen om den frigjørende Kriya Yoga-vitenskap tilgjenge-
lig for Sannhets-søkere over hele verden. Til dette formålet
grunnla Sri Yogananda Self-Realization Fellowship[7], et in-
ternasjonalt samfunn med hovedsete i Los Angeles. I løpet
av hans tre tiår i Vesten, holdt han foredrag for fullsatte hus
i de fleste av Amerikas viktigste byer. Han skrev tallrike bø-
ker og utarbeidet en omfattende serie av yogaleksjoner til
hjemmestudium og lærte opp disipler for munkelivet for
å videreføre det åndelige og humanitære arbeidet som var
betrodd ham av Mahavatar Babaji og Swami Sri Yukteswar.

Som en påskjønnelse av sin disippels hengivne arbeid
og oppnåelser i Amerika, skrev Sri Yukteswar til Yoganan-
daji ved flere anledninger. Det følgende utdrag fra to slike
brev, skrevet rundt midten av 1920-tallet, gir et sterkt inn-

---

[7] På norsk: "Fellesskapet for Selv-erkjennelse." Paramahansa Yo-
gananda har forklart at navnet Self-Realization Fellowship be-
tyr: "Fellesskap med Gud gjennom Selv-erkjennelse, og venn-
skap med alle sannhetssøkende sjeler."

trykk av det nære og kjærlige guddommelige forhold som rådde mellom disse to store sjeler:

> Mitt hjertebarn, O Yogananda!
>
> Jeg oppløses i glede ved å se [bildene av] dine yogastudenter i de forskjellige byene. Når jeg hører om dine metoder av sungne bekreftelser, helbredende vibrasjoner og guddommelig helbredende bønner, kan jeg ikke la være å takke deg fra mitt hjerte.

*   *   *

> Jeg er så glad for å se bildet av Mount Washington herskapsbolig[8] at jeg mangler ord. Min sjel ønsker å fly dit og se den. Du har arbeidet hardt for å være Guds redskap i ervervelsen av det. Fortsett arbeidet som du ønsker. Det kan aldri bli noen meningsforskjell mellom oss....
>
> Etter at jeg kommer tilbake til Serampore vil jeg vurdere å skaffe et pass for en reise rundt om i verden, men det ser ikke ut til å være mulig med dette legemet. Jeg ville svært gjerne forlate legemet nær deg på ditt oppholdssted. Denne tanken gir meg en stor lykkefølelse.
>
> Jeg ber deg vurdere hvem som skal overta Puri. Gjennom Gurus nåde er jeg frisk. Men jeg trekker meg tilbake fra alle administrative oppgaver som vedrører de forskjellige sentra. Jeg kan ikke lenger gjennomføre det detaljerte arbeid. Dette er begynnelsen på mine siste anstrengelser vedrørende organisasjonsarbeid. ...Jeg venter håpefullt på deg.

Hans siste dager og bortgang

Som forutsett av Sri Yukteswar, var det ikke Det Guddommeliges vilje at han skulle reise til Amerika. Heller ikke var Yoganandaji i stand til å vri seg unna sine mangfoldige forpliktelser for å kunne besøke India. Endelig, da han i 1935 intuitivt mottok en inntrengende beskjed fra sin guru om å vende hjem – et forvarsel om at hans gurus dager

---

[8] Refererer til Administrasjonsbygningen til Self-Realization Fellowship Internasjonale Hovedkvarter, på toppen av Mt. Washington i Los Angeles, som Paramahansa Yogananda hadde ervervet noen få måneder tidligere.

var talte – vendte Yoganandaji tilbake til India for en årelang visitt. Han var ledsaget av to av sine amerikanske disipler. Den følgende beretning av en av dem, Mr. C. Richard Wright, utgjør en av de få personlige beskrivelser av Sri Yukteswar skrevet av en fra Vesten:

I alvorlig ydmykhet gikk jeg bak Yoganandaji inn på gårdsplassen innenfor eremitasjens murer. Med hurtige hjerteslag gikk vi opp noen gamle sementtrinn som uten tvil har vært trådd av utallige sannhetssøkere. Vår spenning økte etterhvert som vi skred framover. Like foran oss, nær toppen av trappen, kom Den Store, Swami Sri Yukteswarji, rolig til syne, en vismanns edle framtoning. Mitt hjerte svulmet av velsignelsen av å være i hans opphøyde nærvær....

På kne foran mesteren viste jeg min egen uuttrykte kjærlighet og takknemlighet. Jeg berørte hans føtter, som var hårde av tid og slit, og mottok hans velsignelse. Deretter reiste jeg meg opp og så inn i hans vakre øyne – dypt nedsunket i introspeksjon og likevel strålende av glede....

Jeg merket snart Den Stores hellighet gjennom hans hjertevarmende smil og tindrende øyne. Så vel hans muntre som hans seriøse konversasjon var preget av en sikkerhet i hans uttalelser – kjennetegnet på en vismann , en som vet at han vet, fordi han kjenner Gud. Mesterens store visdom, besluttsomhet og viljestyrke trer tydelig frem på enhver måte.

Han var enkelt kledt. Hans *dhoti* og skjorte som engang hadde vært okerfarget, hadde nå en falmet oransjefarge. Idet jeg studerte han ærbødig fra tid til annen, la jeg merke til at han er av stor og atletisk statur og at hans legeme er herdet av munkelivets prøvelser og ofre. Hans holdning er majestetisk og rank, og hans gange er verdig. En jovial og lystig latter kommer fra hans dype bryst og får hele hans legeme til å ryste.

Hans strenge ansikt gir et slående inntrykk av guddommelig kraft. Hans hår, som er skilt i midten, er hvitt omkring pannen, for øvrig med gyldne og sorte striper, og ender i lokker ved skuldrene. Hans skjegg og mustasje er sparsomme tynne og synes å fremheve hans trekk. Hans panne skråner som om den søker himmelen. Hans mørke øyne er omgitt av en eterisk blå ring.... I ro er hans munn streng, men med et fint anstrøk av ømhet.

Selv om Sri Yukteswarjis helse, rent ytre sett, syntes å være utmerket, var hans tid for å forlate legemet kommet nær. Sent i 1935 kalte han Paramahansaji til seg. "Min oppgave på jorden er nå avsluttet. Du må fortsette arbeidet." Sri Yukteswar talte dempet, hans øyne var rolige og vennlige.

"Vær snill og sende noen til å overta ledelsen av vår eremitasje i Puri," fortsatte han. "Jeg overlater alt i dine hender. Du vil lykkes i å seile båten av både ditt liv og organisasjonen til de guddommelige kyster.."

Den store guru gikk inn i *mahasamadhi* (en yogis endelige, bevisste utgang fra legemet) den 9. mars, 1936 i Puri. Den ledende avis i Calcutta, *Amrita Bazar Patrika,* viste hans bilde og den følgende rapport:

Begravelsesseremonien, *Bhandara,* for Srimat Swami Sri Yukteswar Giri Maharaj, 81 år gammel, fant sted i Puri den 21. mars. Mange disipler kom til Puri for å overvære seremonien.

Swami Maharaj, som var en av de største fortolkere av Bhagavad Gita, var en stor disippel av Yogiraj Sri Shyama Charan Lahiri Mahasaya fra Banaras. Swami Maharaj grunnla flere Yogoda Satsanga [Self-Realization Fellowship] sentra i India og var den store inspirator bak yoga-bevegelsen som ble overført til Vesten av Swami Yogananda, hans betydeligste disippel. Det var Sri Yukteswars profetiske evner og dype erkjennelse som inspirerte Swami Yogananda til å reise over oseanene og spre de indiske mestres budskap i Amerika.

Hans fortolkninger av Bhagavad Gita og andre hellige skrifter, vitner om Sri Yukteswars dype beherskelse av både Østens og Vestens filosofi, noe som vil ha varig betydning for styrking av harmonien mellom Orienten og Oksidenten. Da han trodde på alle religioners enhet, opprettet Sri Yukteswar Maharaj Sadhu Sabha (Helgenenes Samfunn), med samarbeid fra ledere av ulike sekter og trosretninger, for utbredelsen av en vitenskapelig ånd i religionen. Ved tiden for sin bortgang, utnevnte han Swami Yogananda til sin etterfølger som president for Sadhu Sabha.

India er fattigere i dag etter dette store menneskes bortgang. Må alle som har vært så heldige å komme nær ham

innprente den sanne ånd i Indias kultur og *sadhana,* som
var personifisert i ham.

Hans testamente til menneskeheten

Den oppvåknede sjel som kommer i det Absoluttes
nærvær, kjenner Gud som den eneste Virkelighet og betrak-
ter de forbigående scener av liv og død som del av *maya,*
illusjon – et guddommelig drama oppført i Den Kosmiske
Skapers allestedsnærvær. Etter sin bortgang ga Sri Yukte-
swar til verden et siste vitnesbyrd om de sannheter han så
kortfattet har beskrevet i *Den Hellige Vitenskap.* Da Yoganan-
daji, i sorg over tapet av sin elskede guru, gjorde forbere-
delser til sin reise tilbake til Amerika, viste Sri Yukteswar seg
for ham i sin oppstandne skikkelse. Denne makeløse opp-
levelse – og Sri Yukteswars åpenbaringer om den kosmiske
skapelses sanne natur, om livet etter døden og den udøde-
lige sjels kontinuerlige åndelige utvikling – er emnet til et
helt kapittel i Paramahansa Yoganandas *En Yogis Selvbiografi.*

"Jeg har nå fortalt deg, Yogananda, sannheten om
mitt liv, død og oppstandelse," sa Sri Yukteswar til sin el-
skede disippel. "Sørg ikke over meg, men kunngjør heller
historien om min oppstandelse til alle…. Nytt håp blir gitt
i hjertene til verdens dødsfryktende drømmere, nedsunkne
i elendighet."

"Altfor lenge har menneskene lyttet til den klamme
pessimisme av 'støv-du-er'–rådgivere, likegyldige overfor
den uovervinnelige sjel," skrev Paramahansji da han for-
talte om denne guddommelige opplevelsen med Swami Sri
Yukteswar. Ved sitt liv og gaven av sin visdom, og ved sin
død og den strålende demonstrasjon av sin oppstandelse,
testamenterte den store Jnanavatar til hele menneskeheten
en opphøyd visjon av menneskenes iboende guddommelig-
het som udødelige barn av den ene Gud.

Ytterligere ressurser for å studere Paramahansa Yoganandas lære om Kriya Yoga

Self-Realization Fellowship har viet seg til frivillig å assistere søkende mennesker over hele verden. For informasjon om våre årlige serier av offentlige foredrag og klasser, meditasjon og inspirerende taler i våre templer og sentra, planer over retreat og andre aktiviteter, inviterer vi dere til å besøke vår hjemmeside eller vårt Internasjonale Hovedkvarter:

www.yogananda-srf.org

Self-Realization Fellowship
3880 San Rafael Avenue
Los Angeles, CA 90065
(323) 225-2471
U.S.A

Self-Realization Fellowship Leksjoner

Personlig ledelse og instruksjoner fra Paramahansa Yogananda i teknikker for yogameditasjon og prinsipper for åndelig levevis

Hvis du føler deg trukket mot de sannheter som er beskrevet i *Den Hellige Vitenskap*, inviterer vi deg til å motta *Self-Realization Fellowships Leksjoner*. Paramahansa Yogananda startet denne serien med private studier for å gi oppriktige sannhetssøkere anledning til å lære og å praktisere de eldgamle teknikker for yogameditasjon som han bragte til Vesten – inkludert vitenskapen om *Kriya Yoga*. *Leksjonene* rommer også hans praktiske råd for å oppnå et balansert fysisk, mentalt og åndelig velvære.

Self-Realization Fellowships Leksjoner er tilgjengelig for en nominell godtgjørelse (for å dekke kostnader ved trykking og porto). Alle studenter får personlig veiledning i deres praktisering, uten kostnader, fra munker og nonner innen Self-Realization Fellowship.

For mer informasjon...

Fullstendig detaljbeskrivelse om *Self-Realization Fellowship* er inkludert i gratisbrosjyren *Undreamed-of Possibilities*. For å motta denne brosjyren og søknadsskjema, besøk vår hjemmeside eller kontakt vårt Internasjonale Hovedkvarter.

Også utgitt av Self-Realization Fellowship. . .

Autobiography of a Yogi

Av Paramahansa Yogananda
(Norsk utgivelse: **En Yogis Selvbiografi**)

En Yogis Selvbiografi er en fengslende beretning om en usedvanlig søken etter Gud, innvevd med vitenskapelige forklaringer av de subtile, men klare lover yogiene utfører sine mirakler ved og oppnår selvmestring etter. Forfatteren gjengir sine mange år med åndelig trening under Swami Sri Yukteswar, og sine besøk hos eksepsjonelle personer i Østen og Vesten – som Mahatma Gandhi, Luther Burbank, den katolske stigmatiserte Therese Neumann, og Rabindranath Tagore.

Boken avklarer mange misoppfatninger om Østens filosofi og religion, og den tjener som en utmerket introduksjon til hele vitenskapen om yoga. Siden den utkom i 1946, har *En Yogis Selvbiografi* blitt en klassiker på sitt område. Den påviser den underliggende enhet i de store religiøse veier, både i Østen og Vesten. Den har blitt oversatt til mer enn 20 språk, og brukes både som lære- og referansebok i skoler og universiteter rundt om i verden.

> "Det har aldri før vært skrevet, på engelsk eller på noe annet europeisk språk, en liknende presentasjon av yoga."
>
> **–Colombia University Press**

> "Et fascinerende og klart underbygget studium."
>
> **–Newsweek**

> "En enestående beretning."
>
> **–New York Times**

"Som et øyevitnes gjengivelse av de ekstraordinære liv og evner hos Hindu helgener, har boken både tidsmessig og tidløs betydning. . . . Forfatterens usedvanlige vitnesbyrd er uten tvil et av de mest åpenbarende. . . om Indias åndelige rikdom som noensinne vil bli utgitt i Vesten."

–W.Y. Evans-Wentz, *M.A., D.Litt., D,Sc.,*
Jesus College, Oxford

"Fragmenter av en visdom så dyp at en føler seg målløs, og varig beveget."

–Haagsche Post, *Holland*

"Sider som vil fortrylle leserne, fordi de appellerer til drømmer og lengsler som slumrer i alle menneskers hjerter."

–Il Tempo del Lunedi, *Roma*

"Det finnes mange bøker på vestlige språk som omhandler indisk filosofi og særlig yoga, men ingen andre som åpenbarer for oss, med en slik oppriktighet, erfaringene hos en som legemliggjør og lever etter disse prinsippene."

–Kurt E. Leidecker, Ph. D., *Professor of Philosophy, University of Virginia*

"Dette er et monumentalt verk."

–Sheffield Telegraph, *England*

God Talks with Arjuna; The Bhagavad Gita
En ny oversettelse med kommentarer.

Man's Eternal Quest
Volum I av Paramahansa Yoganandas fore-
lesninger og uformelle taler.

The Divine Romance
Volum II av Paramahansa Yoganandas fore-
lesninger, uformelle taler og essay.

Journey to Self-Realization
Volume III av Paramahansa Yoganandas fore-
lesninger og uformelle taler.

Wine of the Mystic:
The Rubaiyat of Omar Khayyam —
A Spiritual Interpretation
Inspirerte kommentarer som bringer lys over den
mystiske vitenskapen om kommunikasjon med
Gud, skjult bakenfor Rubaiyats gåtefulle billedbruk.

Where There Is Light:
Insight and Inspiration for Meeting Life's Challenges

Whispers from Eternity
En samling av Paramahansa Yoganandas bønner
og guddommelige erfaringer i opphøyde meditati-
ve tilstander.

The Science of Religion

The Yoga of the Bhagavad Gita:
An Introduction to India's Universal Science
of God-Realization

The Yoga of Jesus:
Understanding the Hidden Teachings of the Gospels

In the Sanctuary of the Soul:
A Guide to Effective Prayer

Inner Peace:
How to Be Calmly Active and Actively Calm

To Be Victorious in Life

Why God Permits Evil and How to Rise Above It

Living Fearlessly:
Bringing Out Your Inner Soul Strength

How You Can Talk With God

Metaphysical Meditations
Mere enn 300 åndelige oppløftende meditasjoner,
bønner og bekreftelser.

Scientific Healing Affirmations
Paramahansa Yogananda gir her en dypsindig
forklaring av vitenskapen om bekreftelser.

Sayings of Paramahansa Yogananda
En samling av utsagn og vise råd som formidler
Paramahansa Yoganandas åpenhjertige og kjærli-
ge svar til de som kom til ham for ledelse.

Songs of the Soul
Mystiske dikt av Paramahansa Yogananda.

The Law of Success
Forklarer dynamiske prinsipper for oppnåelse av
livets mål.

Cosmic Chants
Tekster (engelske) og musikk til 60 sanger om
hengivelse, med en innføring i hvordan åndelig
sang kan føre til kommunikasjon med Gud.

AUDIO OPPTAK AV PARAMAHANSA YOGANANDA

Beholding the One in All

The Great Light of God

Songs of My Heart

To Make Heaven on Earth

Removing All Sorrow and Suffering

Follow the Path of Christ, Krishna, and the Masters

Awake in the Cosmic Dream

Be a Smile Millionaire

One Life Versus Reincarnation

In the Glory of the Spirit

Self-Realization: The Inner and the Outer Path

ANDRE UTGIVELSER FRA
SELF-REALIZATION FELLOWSHIP

*En fullstendig katalog som beskriver alle Self-Realization
Fellowships publikasjoner og audio/video opptak kan
sendes på forespørsel*

Only Love:
Living the Spiritual Life in a Changing World
av Sri Daya Mata

Finding the Joy Within You:
Personal Counsel for God-Centered Living
av Sri Daya Mata

God Alone:
The Life and Letters of a Saint
av Sri Gyanamata

"Mejda": The Family and the Early Life
of Paramahansa Yogananda
av Sananda Lal Ghosh

Self-Realization
et kvartalsvis magasin opprettet av
Paramahansa Yogananda i 1925)

GRATIS INTRODUKSJONSHEFTE:
UNDREAMED-OF POSSIBILITIES

De vitenskapelige teknikker for meditasjon lært av Paramahansa Yogananda. Leksjonene, som omfatter Kriya Yoga —så vel som hans ledelse i alle aspekter av et balansert åndelig liv — er presentert i *Self-Realization Fellowship Lessons.* For nærmere informasjon, vennligst be om å få tilsendt gratisheftet *"Undreamed-of Possibilities".* Tilgjengelig på engelsk, spansk og tysk.